박시백의 일제강점사 35년

5

박 시 백 의　일 제 강 점 사

5

1931 —— 1935

무 장 투 쟁 으 로

임진왜란이 발발하고 일본군이 파죽지세로 북상해오자 선조는 도성을 버리고 피난길에 올랐다. 평양을 거쳐 의주에 다다른 선조는 압록강을 건너 요동으로 망명하고 싶어 안달하는 모습을 보였다. 그런데 이순신 장군과 의병들의 분전, 그리고 명나라의 원군 파병으로 전세가 뒤바뀌더니 결국 일본군이 물러났다. 제 한 몸 살기에 급급한 모습을 보였던 선조는 왕으로서의 권위와 체면을 되살리기 위해 꼼수를 냈다. 일본군을 패퇴시킨 것은 오로지 명나라 군대의 힘이요, 조선의 군대가 한 일은 거의 없다고 임진왜란의 성격을 규정한 것이다. 그 결과 일본군에 맞서 싸운 장수들보다 명나라에 가서 구원병을 요청한 신하들의 공이 더 높아지게 되었다. 선조를 호종해 의주까지 피난했던 신하들이다. 자신을 호종한 신하들의 공이 높아지니 그 중심인 선조 역시 더 이상 부끄러워하지 않게 됐다.

어려서 비슷한 이야기를 들은 적이 있다. 8·15 해방은 오로지 미군의 덕이요, 원자폭탄 덕이지 우리가 한 일은 아무것도 없었다는…. 선조처럼 공식화하지는 않았지만 선조와 비슷한 처지에 놓이게 된 누군가가 그런 이야기를 만들고 널리 퍼뜨린 것이라고 짐작해볼 수 있다.

결론부터 말한다면 일제 강점 35년의 역사는 부단한, 그리고 치열한 항일투쟁의 역사다. 비록 독립을 가져온 결정적 동인이 일본군에 대한 연합군의 승리임을 부정할 순 없지만 그렇다고 우리가 한 일은 아무것도 없다는 식의 설명은 무지 혹은 의도적 왜곡이다. 자학이다. 우리 선조들은 한 세대가 훌쩍 넘는 35년이란 긴 세월 동안 줄기차게 싸웠다. 나라를 되찾기 위해 기꺼이 국경을 넘었고 필요한 곳이라면 어디든 갔다. 삼원보, 룽징, 블라디보스토크, 이르쿠츠크, 모스크바, 베이징, 상하이, 샌프란시스코, 호놀룰루, 워싱턴, 파리…. 총을 들었고, 폭탄을 던졌으며, 대중을 조직하고 각성시켰다. 그 어떤 고난도, 죽음까지도 기꺼이 감수했다. 그들이 있어서 일제 식민지 35년은 단지 치욕의 역사가 아니라 자랑스러움을 간직한 역사가 되었다.

시대의 요구 앞에 고개를 돌리지 않고 응답했던 사람들, 그들의 정신, 그들의 투쟁을 우리는 기억해야 한다. 그것이 모든 것을 내던지고 나라를 위해 싸웠던 선열들에 대한 최소한의 도리이리라. 마찬가지로 우리는 나라를 팔고 민족을 배반한 이들도 기억해야 한다. 일제에 협력한 대가로 그들은 일신의 부귀와 영화를 누렸고 집안을 일으켰다. 나아가 해방 후에도 단죄되지 않고 살아남아 우리 사회의 주류를 형성했다. 그뿐인가, 민족교육인이니 민족언론인이니 현대문학의 거장이니 하는 명예까지 차지했다. 이건 좀 아니지 않나? 독립운동가는 독립운동가로, 친일부역자는 친일부역자로 제 위치에 자리 잡게 해야 한다.

이 책은 일제 경찰의 취조 자료나 재판 기록, 당시의 신문 같은 1차 사료를 연구하여 나온 결과물이 아니라 기존의 연구 성과들을 요약, 배치, 정리하여 만화라는 양식으로 표현한 대중서다. 주로 단행본으로 출간된 책들을 참고로 했고,

《친일인명사전》(친일인명사전편찬위원회)과 독립기념관 한국독립운동정보시스템 자료인 《한국독립운동의 역사》(한국독립운동사편찬위원회) 60권을 기본 텍스트로 삼았다. 그 밖에도 한국민족문화대백과, 우리역사넷을 비롯해 인터넷 자료의 도움을 많이 받았다. 공부도 부족했지만 공부하는 방법도 미숙해 담아내야 할 내용을 제대로 담아냈는지 걱정이 앞선다. 이후 독자 여러분과 전문가들의 지적을 받아가며 오류를 수정하고 부족한 부분을 채워나갈 생각이다.

한상준 대표와 편집자, 디자이너 등 비아북 출판사 관계자 외에도 일선에서 역사 교사로 재직 중이신 차경호, 남동현, 정윤택, 박래훈, 김종민, 박건형, 문인식, 오진욱, 김정현 선생님 등 아홉 분의 선생님들이 본문 교정과 인물 및 연표 정리 등으로 큰 도움을 주셔서 이 책이 나올 수 있었다.

가급적 더 많은 독립운동가들과 친일부역자들을 알려야 한다는 사명감이 책의 내용을 딱딱하게 만든 듯도 싶다. 독자들의 양해를 바라며 부디 이 책이 일제강점 35년사와 그 시대를 살았던 사람들을 바로 알리는 데 작은 보탬이 되었으면 한다.

2017년 12월

《35년》 1권을 출간한 지 7년 만에 개정판을 출간한다. 《한국독립운동의 역사》, 《친일인명사전》 등의 참고문헌과 '독립운동인명사전', '한국역대인물 종합정보시스템' 등 국가기관에서 제공하는 데이터를 기반으로 최대한 오류를 잡기 위해 노력하였고, 현직 역사 교사 9명이 편집위원으로 참여해 교정 작업을 진행했지만 가벼운 오탈자부터 인명, 생몰 연대 등에서 몇 가지 오류가 있었다. 그림 고증의 오류 또한 더러 있어 개정판에서 바로잡았다. 아울러 오랫동안 보관하고 읽을 수 있도록 파손이 적고 소장가치가 있는 양장본으로 바꿨다.

최근 들어 일제강점사와 관련된 논란들이 뜨겁다. 책임 있는 자리에 있는 이들이 공공연히 일제강점사를 긍정하거나 사상의 덧칠을 하여 독립운동가들을 폄훼하는 일들이 벌어지고 있다. 후손으로서 바른 역사 인식이 어느 때보다도 중요하게 부각되는 오늘, 이 책이 작은 도움이 되기를 바란다.

2024년 9월

5 | 1931 ──── 1935
무 장 투 쟁 으 로

모스크바

스탈린의 경제개발 5개년 계획

1927년 소련의 권력을 모두 장악한 스탈린은 1928년 '제1차 5개년 계획'을 수립했다. 스탈린은 이를 통해 농업 국가인 소련을 중공업 국가로 전환시키려고 했다. 이후 농업은 집단화되고 공업에 모든 국가 역량이 집중되면서, 경제 규모가 커지고 군사력은 강해졌지만, 농민은 많은 희생을 치러야 했다.

만주국 국기

일본 관동군은 1931년 9월 만주사변을 일으키고, 1932년 3월 만주국을 세웠다.
만주국은 일본, 조선, 만주, 몽골, 중국의 오족협화와 만주낙토를 표방했으나 실질적 지배자는 일본의 관동군이었다.

우리는	1931	조선어학회	1932	이봉창·윤봉길 의거
세계는		만주사변		독일 나치, 제1당이 됨

1930년대 전반,
세계는

창춘(장춘)

후버댐

뉴딜정책

미국의 루스벨트 대통령은 1929년 10월 뉴욕
주식시장의 주가 대폭락에서 시작된 대공황을 극복하기
위해 구제, 부흥, 개혁 등을 목적으로 하는 새로운 정책
'뉴딜'을 추진했다. 정부의 적극적 개입을 특징으로 하는
뉴딜정책은 공업, 농업, 상업, 금융 등 경제 전 분야에
걸쳐 펼쳐졌는데 다목적 댐 건설 등을 통해 실업자들에게
일자리도 제공했다.

1933	흥경성·대전자령전투	1934	양세봉 피살 순국	1935	민족혁명당 창당
	미국, 뉴딜정책		대장정		독일, 재무장선언

미국에서 발발한 대공황은 1930년대 초반 전 세계를 강타했고

나라마다 서로 다른 돌파구를 찾아나갔다.

미국에서는 1932년 프랭클린 루스벨트가 대통령에 당선되면서 뉴딜정책이 실시되었다.

일러두기

❖ 대사의 경우 현장감을 살리기 위해 외래어표기법이나 표준어에서 예외적으로 표기된 경우가 있다.

❖ 연도의 경우 대부분 《한국독립운동의 역사》(한국독립운동사편찬위원회) 제60권 《한국독립운동사 연표》를 기준으로 표기했다.

또한 루스벨트는 테네시강 유역을 개발하는 대규모 공공사업을 일으켜 일자리를 창출해나갔다.

테네시강 유역에 26개의 대형 댐을 건설하는 일이지. 이를 통해 가뭄과 홍수를 대비하고 공업용수, 농업용수를 공급하며 전력도 생산하는 등의 다목적 공사라네.

드디어 일을 한다♪

경제를 시장에만 맡겨두지 말고 정부나 공공부문이 나서서 유효수요를 창출해야 한다는 나의 이론을 받아들인 정책들이지.

J. M. 케인스

식민지가 많은 영국과 프랑스는 자유무역정책을 폐기하고 연방 혹은 식민지 국가들과 배타적 경제블록을 형성해 대공황을 탈출하려 하였다.

블록 밖의 나라에서 들어온 수입품에 대해선 고율의 관세를!

■ 프랑블록   ■ 파운드블록

겨우 살아나던 독일 경제도 대공황으로 심대한 타격을 입었다.

기업은 줄도산에 은행은 문 닫고 실업자는 쏟아지고…

이럴 땐 강력한 지도자가 있어야.

1930년 총선에서 18.2퍼센트의 득표율로 제2당에 올라섰던 나치는 1932년 대통령 선거에서 히틀러를 후보로 내세워 36.8퍼센트를 득표하기에 이른다.

힌덴부르크 53%

80대 중반인데 대단하네.

하지만 곧 나의 시간이…

공황의 심화와 민심 이반에
대통령 힌덴부르크는
히틀러를 총리에 임명한다.

1934년 힌덴부르크가 사망하자
히틀러는 대통령을 겸하게 된다.

심플하게
총통이라
불러.

이어 보수파와 군부의 지지를 업어
일당독재체제를 구축한다.

바이마르공화국은
이제 끝났다.

사회민주당은
불법화한다.

비상시국인만큼
입법도 전권을
위임받아 정부가
행한다.

지방의회도
폐지.

히틀러 역시 국가의 적극적 개입 전략을 폈다.
토목사업과 군수산업을 일으키면서 600만에 이르는
실업 문제를 해결했다.

아우토반
건설 공사도
이때의 일.

경제는 빠르게 안정되어갔고, 히틀러와 나치에 대한
국민적 인기가 치솟았다.

히틀러! 히틀러!

히틀러는 아리안 민족의 영광을 내세우며
본격적인 재무장의 길로 독일을 이끈다.

베르사유 조약 폐지.
징병제를 실시해
강한 군대, 강한 독일을
만든다!

군을 기계화,
현대화하고
공군을 창설한다.

1928년 스탈린의 주도로 실시된 제1차 5개년 계획은 성공적으로 마무리되었다.

5년 안에 공업을 180% 성장시키는 게 목표였는데 4년 3개월 만에 달성했지.

목표치

29 30 31 32 33

온 세계가 공황에 허덕이던 시기에 일궈낸 성과였다.

와!!

중공업 분야에 우선해 철강, 화학, 자동차, 항공, 조선, 전기 등의 산업이 비약적으로 발전했대.

WANTED JOB

그 과정에 희생도 컸는데 희생은 주로 농민들의 몫이었다.

우리들 피 위에 이룩된 성과라요.

급속한 자본축적의 길을 강제적인 농업집단화정책에서 찾은 것이다.

외국 자본의 지원도 없이, 축적된 자본도 없는 우리로서 급속한 공업 발전을 이룩하려면 …

집단화, 기계화를 통해 생산력을 드높이고 남는 노동력은 도시 노동자로 만들고 잉여생산물은 공업원료 쓸 수 있게 하자.

농민들은 집단화되기 전 자기 소유의 가축들을 도살하는 소극적 저항에서부터

집단화되고 나면 땅도 내 땅이 아니고 소도 내 소도 아니잖아.

꽤애액

앞으로 고기 구경도 못할 지 모르는 데 잡아서 실컷 먹기나 하자.

매애애

음머ㅡ

집단적 반란까지 해보았지만

내 땅을 빼앗길 바엔 차라리 싸우다 죽겠다.

스탈린은

설득과 선전을 강화해서 자발적으로 참여케 하라!

멈추지 않았다.

그래도 안들으면 힘으로 밀어붙여!

이 과정에서 1,000만의 농민이 희생되었다.

1931년에 50퍼센트를 넘긴 집단화율이 1936년에는 90퍼센트에 이르게 된다.

자! 이제 우리 모두의 농장인 집단농장에서 보람찬 하루 일을 시작하겠습니다.

1933년엔 제2차 5개년 계획이 실시되는데

계속해서 중공업우선주의로!

특히 전차, 비행기 등 군수산업에 총력을!

유럽에서 가장 후진적인 농업 국가였던 소련은 제2차 계획이 끝나는 1938년에 이르러 유럽 제1의 공업 생산국으로 탈바꿈하게 된다.

스탈린의 절대권력화가 진행되고 당내 민주주의가 날로 위축되어갔지만

스탈린 동지께서 이미 교시하셨는데 무슨 소리들 하는 게요?

문맹률이 극도로 낮아지고

혁명 이전에 90% 넘었던 문맹률이 10% 미만으로.

노동자, 농민의 자녀가 대학에 진학하는 등의 변화가 있었으며

내 딸이 대학엘 가다니! 옛날 같으면 상상이나 했겠수?

각종 복지제도가 실시되었다.

무상 의료제가 실시되고,

노동자 연금제도도.

이런 소식들은 눈부신 성장 모습과 함께 여전히 세계의 노동자, 농민, 식민지 민중과 지식인 들에게 기대를 안겨주는 힘이 되었다.

그래도 역시 사회주의 나라가 다르긴 다르구나.

우리도…

공황은 일본에도 거대한 충격으로 다가왔다. 실업자가 급증하고

농산물 가격이 폭락하면서 농촌이 피폐해졌다.

실업자가 되어 고향에 돌아와 보니 여기 형편은 더하군 그래.

하지만 이때 금융 재벌들은

상황을 보아하니 금본위제를 포기할 수밖에 없을 듯.

그리 되면 엔화 가치가 떨어지겠지. 그렇다면 달러를 사야.

오히려 부를 늘렸다.

예상대로 엔화 가치가 절반으로 떨어졌고,

우리는 사두었던 달러를 되팔아 앉아서 두 배를 벌었다네.

이런 상황 전개는 대부분이 농촌 출신이었던 청년장교들을 더욱 군국주의의 길로 내몰았다.

나라는 안중에 없고 제 배 불리기 밖에 모르는 재벌 놈들!

정당 정치인들, 관료들, 그리고 정치인이 다된 늙은 선배 군인들… 모두 한통속이야.

싹 다 쓸어버리고 최고 엘리트이면서 애국심으로 무장한 우리가 나라를 이끌어야!

이들은 대개 육사는 물론 육군유년학교를 나왔다.

육군중학교라 불렸다는.

13세 어린 나이부터 군사훈련과 전쟁 준비만 해온 이들은

우리가 아는 건 오직 하나!

전쟁!

극우 사상가들이 낸 책을 보며 군국주의자로서의 신념을 다져나갔다.

일본이 동아시아를 제패하고 이끌어야! 그리하여 서양 세력에 맞서 싸워야!

그렇지! 바로 이거거든.

군국주의에 매료된 청년장교들은 하나같이 대륙으로의 팽창을 꿈꾸었다. 그 선두에 관동군이 있었다.

대륙으로!

관동군은 일본이 러일전쟁의 승리로 얻은 뤼순, 다롄 조차지와 남만주철도 권익을 지키기 위해 편성된 군대.

조차지가 산해관 동쪽이어서 관동주라 명명했고, 그에 따라 주둔군도 관동군으로.

산해관

관동주

관동군은 물론 일본 육군은 만주를 자신들의
특수 이해로 보았다.

당연하잖아.
엄청난 전비와 희생을
치르며 러시아와 싸워서
힘들게 승리했는데

기껏 남만주철도와
뤼순, 다롄 조차지로
만족할 순 없잖아.

그래서 만주 지역이 통일중국으로
편입되는 것을 원치 않았다.

그럼 우리가
다루기
어려워져.

손쉽게
다룰 수 있는 자를
내세워 각종 이권을
얻어내야지.

그런데 만주의 권력자 장쭤린이
호락호락하지 않았고,

이용당해 주지만
나 역시 일본을
이용한다는 거.
중요한 건
밀당~

무리수를 두어 폭사시켰더니
아들 장쉐량이 뒤이어
권력을 장악해서는
더욱 곤란한 입장을 취한다.

장제스 지지!
중국 통일!
동북에도
청천백일기를!

일본과 맺은 각종
불평등 조약들도
폐기할 터.

만주철도와
조차지도
되찾아야지.

갈수록
태산일세.

공황을 겪고 있는
본국의 형편을 봐도
그렇고

우리의 특수 이익을
지키기 위해서도
그렇고

무리수를 뒤서라도 장쉐량을
어찌해버리면 좋겠는데
장제스가 가만 있지 않겠지?

미국이나 소련도
간섭하려들 테고.

끄응~

이때 이시와라 간지가 등장한다.
최상위 성적으로 일본육사, 일본육군대학을
나온 이단아, 전략의 천재라 불리는 사내.

이시와라
선배님!!

이시와라는 세계최종전쟁론을 주창하고 있었다.

세계는 급격히
블록화의 길을 가는데
크게 네 개의 연합으로
정리되고 있지.
유럽, 소련, 그리고 미국을
맹주로하는 남북아메리카,
우리 일본이 이끄는
동아시아 연합, 이렇게.

이들이 준결승을 거쳐
최종적으로 동아시아와
아메리카가 남아
결승전을 치르게 돼.
곧 일본이 이끄는
동아시아의 왕도와
미국이 이끄는 서양의
패도 사이에 최종전쟁이
벌어지는 거지.

이 전쟁을 통해 어쩌면 지구상의
인구 절반이 사라질 지 몰라도 결국
우리 일본이 최종적으로 승리해
지구를 하나로 통일하고
진정한 세계평화가 실현되는
거야.

그런데 미국과의
최종전을 펼치려면
자원과 생산력이
받쳐줘야 해.
자원이 풍부한
만주가 꼭 필요한
이유라네.

만주에 말 잘듣는 우리 편
정부를 세우려고만 하니 그렇지.
만주를 아예 점령해서
영유해버리면 되지 않겠어?

우리가 전격적으로 만주를
공략해도 소련은 경제개발
5개년 계획이다, 농업집단화다
하는 내부 일로 정신이 없어
개입하지 않을 테고

장제스도 공산군과의 싸움이
한창이라 섣불리 움직이지 못할 테고
베이징의 장쉐량도 우물쭈물하며
나서지 못할 거야.

아…

만몽(만주와 몽고)에 대한 관동군의 전통적 사고를 지키면서 동시에 뒤집는 구상이었다.

미국은 개입하려 들지도 몰라. 어차피 미국과의 일전은 피할 수 없는 것. 그렇기 때문에 더욱 만주가 필요하다고.

이시와라 중좌의 계획에 관동군 고급참모인 이타가키 세이시로 대좌와 관동군 사령관 혼조 시게루가 동의했고,

이시와라!

자네 진짜 천재구만.

콜!

은밀히 계획이 진행되었다.

과연 만몽 영유의 숙원과 자원 부족, 대공황 같은 본국의 막힌 문제들도 풀면서

국가개조를 선도하고 조선도 안정화시키면서 대소련 전략 거점도 마련하고 일거다득의 길입니다.

1931년 나카무라 대위 피살 사건과

나카무라 대위가 중으로 변장해 첩보활동을 벌이다 중국군에게 발각돼 피살된 사건이고요,

완바오산(만보산) 사건이 일어나면서

창춘(장춘)현 만보산 지역에서 일어난 한, 중 농민간의 갈등을 일본이 이간질하여 크게 확대시킨 사건입니다.

일본 내에는 반중 여론이 거세게 일었다.

중국놈들 용서 못해!

미개한 중국놈들에게 본때를 보이자!

지나는 사과하라

때가 무르익었습니다.

그렇습니다. 사령관 각하!

관동군은 1931년 9월 18일 늦은 밤, 펑톈(봉천) 인근의 류타오후에서 만철선을 폭파하고

꽈꽝

중국 군복을 입혀 갖다놓은 시체들

혼조 사령관은 일본 정부나 육군본부에 알리지도 않은 채 이렇게 명한다.

중국군이 우리 대일본제국 관할인 만철선을 폭파했다. 무적의 관동군 병사들이여!

즉각 둥베이군을 공격하라! 펑톈을 점령하라!

불과 몇 시간 뒤인 다음 날 새벽, 독립수비대 2개 대대가 중국 동북군 북부사령부를 공격한 것을 시작으로

꽝 꽈꽝

1만 수천 명의 관동군이 작전에 돌입했다.

사전에 뜻을 같이하기로 밀약한 조선군 사령관 하야시 센주로도

걱정 마시게.

상부의 승인 없이 4,000여 조선주차군을 급히 만주로 파병했다.

관동군은 순식간에 펑톈, 단둥 등의 도시를 점령하고 전선을 확대해갔다.

하얼빈
창춘
지린
펑톈
단둥
뤼순 다롄

당시 동북군은 25만. 만주에 11만이 남아 있었는데 무저항으로 일관했다.

이거 뭐 완전 거저잖아!

쟤들은 뭐냐? ㅋㅋ

나머지 14만과 함께 베이징에 주둔 중이던 장쉐량의 명에 따른 것이다.

저항하지 말고 피하라!

장쉐량 나름의 정치적 계산도 있었을 테고,

일본군과 싸우면 질게 뻔한데 동북군이 무너지고 나면 내 입지도 우스워져.

장제스의 입장도 영향을 미쳤을 것이다.

양외필선안내 (攘外必先安内!) 밖을 물리치려면 먼저 안을 안정시켜야.

즉, 공산당 토벌이 먼저란 얘기.

국제연맹이 강력히 나서며 일본 정부를 압박했고

일본군은 즉각 만주에서 철병해 원상복구하라!

예기치 못한 사건의 발생과 사태 전개에 경악한 일본 정부도 서둘러 다음과 같이 공식 입장을 천명했다.

일본은 사태를 확대시키지 않을 것입니다. 아울러 만주에서 관동군을 조기 철병시킬 것입니다.

기막힌 정세판단과 목숨을 건 전격적인 결단과 행동으로

기껏 만주를 손 안에 넣었더니 뭐? 철수하라고? 장난해?!

만주침공의 주역들은 분개했지만 한발 물러서는 결정을 내리는 한편,

정부가 저렇게 나오는데 무조건 우리 입장만 고수하다간 반역으로 몰릴 수 있습니다.

독립국가를 세워 국제사회의 비난을 막고, 실제로는 점령과 다를 바 없이 통치하는 길을…

정부에 이렇게 통보했다.

만일 독립국가 건설안마저 받아들이지 않는다면 우리는 일본 국적을 버리고서도 목표를 향해 돌진할 것.

관동군의 성과에 열광한 일본 내 여론은 관동군의 안을 적극 지지했다.

애국 관동군

만주독립국안 지지

결국 관동군 철병을 국제사회에 약속했던 내각이 총사퇴하고

새 내각은 독립국가 건설안을 추인한다.

관동군 안을 지지한다.

이에 따라 1932년 3월 1일, 오족협화를 내세운 만주국이 출범한다.

오족협화를 표현한 만주국 국기 (노랑 : 만주, 빨강 : 일본, 파랑 : 한족, 하양 : 몽골, 검정 : 조선)

오족협화를 표현한 수립 10주년 기념우표

政郵國 滿洲帝國 六

慶祝建國十周年

청나라 마지막 황제였던 푸이가 허울뿐인 집정관에 앉았다.

각부의 수장은 중국인이 맡았지만 실권은 다음 지위인 일본인에게 있었다.

그리고 최종결정권은 우리 관동군에게. 한마디로 만주국은 우리 거.

이때 일본은 열강의 눈을 돌리기 위해 상하이도 공격했다.

일본인 승려 등이 중국인들에게 피살당한 일을 구실로 소란이 일거하여 군사개입을 한 거죠.

이름하여 상해사변! 사실 중국인들을 시켜 일본인 승려 등을 죽인 것도 우리가 기획한 일이지.

중국은 사죄하고 범죄자는 처벌

그런데 국민당 제19로군이 적극 방어에 나서 일본군을 상당히 괴롭혔다.

중국군들 완전 물로 봤는데 제법 세잖아.

일본군은 대규모 응원군을 보내고 나서야 상하이를 점령할 수 있었다.

그러게 만주에서랑은 다른데.

상하이에 조계가 있는 미국, 영국, 프랑스, 이탈리아는 서둘러 중재에 나섰고,

이러다 우리 조계가 큰 피해를 입겠어요.

결국 일본과 장제스 국민당 정부 사이에 송호협정이 체결되면서 상하이사변은 마무리되었다.

만주국 수립은 상하이사변에서 송호협정으로 이어지는 사이에 이루어졌다.

하지만 국제연맹은 만주국을 인정하려 하지 않았다.

인정은 개뿔! 일본군은 만주에서 즉시 철수하는 것이 정답이다.

이에 아랑곳하지 않고 관동군은 점령지의 확대를 꾀했다. 러허성(열하성)을 공격한 것.

베이징 ●

열하는 본래 만주 땅이고 중국 땅은 만리장성 이남이얏.

그리고 일본은 아예 국제연맹을 탈퇴해버린다 (1933년 3월).

사요나라~

이제 수도인 베이징까지 위험해진 상황. 장제스는 서둘러 관동군과 정전협정을 체결한다(탕구(당고)협정).

중국군은 화북 이남으로, 일본군은 만리장성 이북으로 철수하고 화북 일대는 비무장지대로.

결국 중국으로부터 만주는 물론 열하성까지 우리 거로 인정받은 셈.

다음은 중국 본토닷!

그렇게 만주국은 현실의 존재가 되었지만

완강한 내부 저항에 직면하게 된다. 장쉐량의 비저항 방침에 반발한 구 동북군 상당수가 자위군으로 전환해 항일투쟁에 나섰다.

그리고 공산당 세력이 유격투쟁을 선언하면서 각지에서 항일유격부대가 조직되었다.

재만 조선인들도 독립군으로, 유격대로 항일투쟁에 더욱 적극적으로 나섰다.

한편, 홍군 토벌에 나섰지만 패배를 거듭하던 국민당군은

1931년 봄, 전열을 정비하고 총공세에 나섰다.

나 장제스가 직접 30만을 이끌고 나섰다네.

승리를 눈앞에 둔 때에 만주침공이 있었다.

장제스는 국제연맹을 통해 외교적으로 문제를 풀려 했다.

'양외필선 안내'라고 했잖아.

공산당과의 싸움이 급해.

반면 공산당은 즉각 항일선언을 발표했고

침략자 일본제국주의와 싸우자!

만주에 직접 당원들을 파견해 유격부대 창설을 돕도록 했다.

민중들과 학생들도 항일운동에 떨쳐 나왔다.

抗日

일제 침략자를 타도

송호협정, 탕구협정으로 일본과의 문제가 정리되었다고 판단한 장제스는 홍군 토벌 작전을 재개한다. 100만의 병력에다

비행기, 전차까지 동원되었고,

홍군 근거지인 소비에트에 대한 철저한 경제봉쇄가 병행되었다.

더 이상 버틸 수 없다고 판단한 홍군 지휘부는 소비에트를 포기하고 장정에 나섰다.

첫 한 달에만 2만 5,000명이 희생되는 무모한 장정이었다.

석 달 뒤 쭌이에서 지난 실패를 분석하고 마오쩌둥에게 당의 지도권을 안겼다.

루딩교전투 등 숱한 전설을 만들어내며

1년여 만에 홍군은 마침내 산시성에 도착해 대장정이 끝났음을 선포했다.

11개의 성을 지나면서 18개의 산과 숱한 강을 건넜다.

하루 평균 1회의 전투를 치르면서 368일간 1만 2,500킬로미터를 이동한 것이다.

베이징
옌안
시안
루딩교 쭌이 루이진

하루 평균 34km!

대장정을 끝냈을 땐 출발 시 병력의 10분의 1밖에 남아 있지 않았지만 최정예 부대로 거듭났다.

또한 대장정의 과정에서 마오쩌둥의 지도력이 공고해졌고,

지나온 곳마다 홍군과 공산당에 대한 지지가 뿌리를 내렸다.

中国共産党萬歳!
抗日闘争萬歳!!

항일 의지도 분명해. 진짜 애국세력.

군기 엄정하고

예절 바르고

공산당

홍군

칠률 장정(七律 長征)

마오쩌둥

홍군은 고단한 원정遠征길 두려워 않고

깊은 강물, 험난한 산도 대수롭지 않다네

끝없이 이어진 다섯 봉우리는 잔잔한 물결 같고

웅대한 오몽산烏蒙山도 발아래 진흙 덩이일세

금사강金沙江물 출렁대는 깎아지른 절벽은 따스하고

대도하大渡河에 가로걸린 쇠사슬 다리는 차갑기만 한데

반갑구나 민산岷山 천 리 길 뒤덮는 눈발이여

삼군은 무사히 당도해 병사들 얼굴에는 웃음꽃 활짝

紅軍不怕遠征難　萬水千山只等閑 (홍군불파원정난　만수천산지등한)

五嶺逶迤騰細浪　烏蒙磅礡走泥丸 (오령위이등세랑　오몽방박주니환)

金沙水拍雲崖暖　大渡橋橫鐵索寒 (금사수박운애난　대도교횡철색한)

更喜岷山千里雪　三軍過后盡開顔 (경희민산천리설　삼군과후진개안)

1935년 10월, 대장정이 민산(4,500미터의 높이로 사시사철 눈이 있어 대설산(大雪山)이라 불린다)을 넘어
마무리된다. 마오쩌둥은 이날을 기념하여 시를 지었다. 사진은 대장정 종료를 알리는 연설 장면.

조선질소비료공장

흥남에 위치한 조선질소비료공장은 일본의 재벌이었던
노구치 시타가우에 의해 1929년 설립됐다.
일본 재벌들은 전기, 화학, 금속 등 중화학공업과
군수공업의 원료가 되는 광업에 집중적으로 침투했다.
흥남은 일본 자본의 식민지 침투와 함께 태어나고
성장한 대표적인 도시였다.

흥남

화신백화점

1931년 종로에 설립된 화신백화점은 조선인 부호 박흥식에 의해
설립됐다. 신태화가 설립한 화신상회를 박흥식이 매수해 지상 3층의
콘크리트 건물로 증축하고 화신백화점이라 이름 지었다.
1937년 화재로 소실된 건물을 새로 준공했을 때는 지상 6층 규모로
확대했으며 엘리베이터와 에스컬레이터 시설 등을 구비했다.

경성

제1장

식민지 정책의 변화

1930년대는 전 세계를 강타한 대공황으로 시작된다.
서구 세력이 경제블록화로 대공황에 대응하자
일본도 대공황 탈출을 위해 식민지 정책의 변화를 도모한다.
그 변화는 제6대 총독 우가키가 추진한
조선산업개발정책과 내선융화정책으로 대표된다.
이와 같은 1930년대 초반의 식민지 정책은 이후에 있을 중일전쟁과
제2차 세계대전 국면에서의 병참기지화정책, 국민총동원운동의 토대가 된다.

영덕

문명기호
1930년대는 광업 중에서도 금광 개발이 활황이었다.
금광에 투자해 큰돈을 번 문명기는 1935년 일본
육해군에 비행기 헌납금으로 거액을 바쳤다.
일본은 문명기를 애국옹으로 칭하고 헌납금으로
구입한 비행기에 그의 이름을 붙였다. 경북 영덕에
문명기 자신의 이름을 딴 문명광산이 있었다.

1933	흥경성·대전자령전투	**1934**	양세봉 피살 순국	**1935**	민족혁명당 창당
	미국, 뉴딜정책		대장정		독일, 재무장선언

우가키 총독

제3대(1919~1927),
제5대(1929~1931) 총독을
역임했던 사이토 마코토에 이어

나는 곧
총리로ㅎ

제6대 총독으로 우가키 가즈시게가 부임했다.

육사를 수석으로
졸업하고 육군대학을
3등으로 졸업한
초 엘리트시지.

이런 분이
총독으로
오셨으니
영광으로
알라고~

1924년 이후 3년간 육군 대신으로
있으면서 군축을 단행했고

4개 사단을 줄이고
대신 육군을
현대화하는 데
힘썼지.

이름하여
우가키 군축!

육군 대신

이 일로 군부 주류의 눈 밖에 나 정치적 손실을 많이 입었다.

배신자!

이후 총리 후보로
여러 차례 올랐지만
저들의 반대로 결국
총리 자리에 앉아보지
못했다네.

어쨌든 그만큼 실력을 인정받고
자기 세력도 갖춘 인물.

아무나 총리 후보가
되는 건 아니니까.
따르는 후배들도
제법 있었고.

정당들과도 협조적 태도를 견지했고
대외 문제와 관련해선 외교협조주의
쪽이어서

한마디로
우가키는
말이 통하는
군바리라고나
할까?

군국주의를 신봉하는 소장파 그룹들과도
생각을 달리했다.

우가키는 앞서 1927년에도 제네바군축회의
참석차 자리를 비운 사이토 총독을 대신해
몇 달간 임시총독을 맡았다.

부임 직전 천황을 만난 자리에서 두 가지를 강조했다.

두 가지를 정책화한 것이
조선산업개발정책과 내선융화정책
이다.

조선산업개발정책에 대한 그의 구상은 이런 것이었다.

하지만 직후 만주침공,

만주국 수립이 이어졌다.

푸이

만주 수립의 주역인 관동군을 비롯해 일본 정계의
주도 세력은 만주 중시의 정책을 내세운다.

향후 중국이나 소련
혹은 미국과 일전을
벌이려면 자원이 풍부한
만주를 중심으로
군수공업을 육성해야.

일만블록이
우리의 기본 방향이
되어야.

일선블록?
피식~

이에 우가키는
기존의 일선블록
주장을 변형시켜
일선만블록을 내세웠다.

조선 중시 입장을
유지한 주장이다.

때문에
일선만블록으로 가야 해.
일본은 정(精)공업 지대로,
조선은 조(粗)공업 지대로,
만주는 원료, 식량 지대로
삼아서 상호 의존하는
블록을 만들자 이거지.

시큰둥한 본국 정부의 태도에

굳이 말리지
않겠지만
만주 중심의 개발이
맞다고 봐.

재정적으로도
도와줄 형편이
못 되고.

그는 조선 총독이 갖는 특수한
자율성을 밑천 삼아 독자적으로
자신의 구상을 펴나가기로 한다.

총독은
내각의 통제를
받지 않고
천황폐하께
직보하지.

도쿄의 재정적
지원 없이
멋지게
해내리라.

고!

총독부의 주도로 조선의 산업개발을 밀고나간다.

민간자본을 끌어들이고

자력갱생 정신운동을 일으켜 조선을 확 바꿔놓을 테다.

그렇게 되면 조선의 질서도 안정되고 본국에도 힘이 될걸.

나 역시도 정치적으로 더 탄탄해질 테고.

그의 총독 재임 기간은 1931년 6월부터 1936년 8월까지 5년 남짓이다.

만주사변 직전에 왔다가

지나사변 (중일전쟁) 직후에 떠났다네.

수시로 현장을 찾고

일기도 꼬박꼬박 쓸 만큼 부지런했다.

1933.12~ 1934.3

1936.2~ 1936.6

우가키는 조선에서 업적을 내고 싶어 했을 뿐만 아니라 실제로 조선의 현실에 가슴 아파했고, 개선하고 싶어 했다. 1932년 3월 31일 일기의 한 대목이다.

동물적인 상황은 가엾기 그지없다. 어떻게 해서든 빨리 인간으로서의 생활만은 보장해줘야겠다. 아니, 해주는 것이 나의 책무다.

그의 다짐은 이루어졌을까?

농공병진정책

우가키 총독의 조선산업개발정책은 농공병진정책으로 구호화되었다.

農工並進

공업만 발전시키느냐? 피폐한 농업도 같이 일으켜야지.

우가키 총독부는 일본의 대자본가들에 대한 우대정책을 폈다.

오라! 조선으로

전력 공급체계도 다 확보할 예정이고

치안도 걱정하지 않도록 해줄 게~

토지 가격도 엄청 싸게,

그외 각종 보조금은 덤이라오.

그리고 중요한 또 한 가지. 본국에서 시행 중인 중요산업 통제법, 공장법을 조선에서 적용받지 않으니 맘놓고 투자하라고~

이거…

땡기는데…

오라 조선으로 조선총독부

북선제지화학공업을 시작으로

재벌계 기업들이 조선에 진출하기 시작했다.

노동력도 싸고

혜택도 많고

뻗어나갈 기회!

이들 자본들은 수력발전으로 인해
전력공급이 용이한
함경도 연안을 중심으로
공장을 세워나갔다.

지하자원이 풍부해서
연료확보도 용이하고,

만주국이 성장하고 있어서
시장도 넓고.

총독부의 뜻에 따라 화학공업, 금속공업, 기계공업, 조선공업 등
중화학공업에 집중투자되었다.

미미했던 중화학공업 비중이
1930년대 중반에 이르면
30% 가까이 차지하게 됩니다.

흥남조선질소비료
공장의 모습이고요.

이와 관련하여 광업도 급성장했다.
철강, 석탄, 금, 흑연 등
주요 광물은 물론,

텅스텐 같은 특수강 재료, 마그네사이트,
명반석 등 경금속 재료 광산들이 개발되었고,

31~33년 사이에만
광업생산이 두배로.

제철소, 제련소 등이 세워졌다.

광업 중에서도 특히
금광 분야가 급성장했다.

금 캐러
가세~

총독부에서 산금증산 5개년 계획을
실시해 금광 사업을 적극 지원한
결과다.

보조금
지급!

거액 융자!

전국 곳곳에서 그야말로 금광 개발 열풍이 불었다.

채만식, 김기진 등의
작가들까지
금광개발 사업에
뛰어들 정도였다네요.

황금광 시대를 비꼰 1932년 11월 29일 자 〈조선일보〉 기사

패가망신하는 이들이
속출했지만

엄청난 성공을 거둔 이들도
나왔다. 〈조선일보〉를 인수한
방응모나

광산왕, 금광왕으로 불린
최창학이 대표적이다.

경공업 생산도 적지 않았다. 조선맥주,
소화기린맥주 공장이 들어서고

영등포에 거의 동시에 세워진
조선맥주와 소화기린맥주 공장

대규모 방적공장, 염색공장, 제분공장,
전분공장, 제과공장이 크게 늘었다.

뒤에 우가키가 이렇게 자부했을 정도로

열광적인 공업화의 시기이자 조선산업혁명의 시기였지.

1930년대 전반기 공업의 성장은 괄목할 만했다. 하지만 긍정적이지만은 않았다.

중화학공업의 경우 일본을 위한 것으로 조선의 다른 부문과 연관성도 적고

조선 자본도 제법 성장했다지만 그 비율은 더욱 줄어들었죠.

뭐라는 거야?

농공병진을 내세운 만큼 우가키 총독부는 농촌문제에도 관심이 커서 농촌진흥운동을 들고나왔다.

피폐한 농촌을 살기 좋은 농촌으로!

보릿고개 퇴치!

농가 빚 퇴치!

농촌진흥운동

농촌진흥위원회를 발족시켜 정무총감을 위원장으로 삼았다.

도위원장은 도지사가,

군위원장은 군수가,

면위원장은 면장이.

그야말로 관주도 운동ㅋ

읍과 면의 작은 부락을 지도부락으로 선정하고 면서기, 순사, 교원 등을 총동원해 농가 경제의 자력갱생을 이끌려고 했다.

벼농사만 할 게 아니고 양돈, 양계, 양잠 같은 돈 되는 일을 하시라.

농한기엔 새끼꼬기 같은 부업을 하시고

우린 그 핑계로 사회주의 농민운동 단속도 …

자력갱생

농촌진흥회, 식산계, 청년단, 부인회 등이 조직되어 보조했다.

우리 마을도 자력갱생을!

○○청년단

○○부인회

식산계

하지만 총독부의 재정 지원 없이 강연이나
의식 계몽 위주로 흘러

우리는 뭘 어찌하면 됩니까?

농촌진흥의 7

에~또 무엇보다 중요한 것은 역시 근검과 절약, 할 수 있다는 정신이죠.

성과는 크지 않았다.

양잠이나 과수재배, 축산 등과 관련한 기술이 좀 는 정도지.

총독부는 또한 북선개척이란 이름 아래
개마고원 일대로의 이주와 면양 사육을 적극 권장했다.

남선에 인구가 너무 조밀해서 먹고 살기가 힘들잖아. 북선으로 이주해서 양 키우며 살라고.

무산

자성
후창 삼수
강계 장진 갑산
풍산

참고로 이 일대는 전국대적인 화전(火田)을 하던 곳이야.

남쪽엔 면화재배를 권장했지.

이름하여 남면북양정책!

세계 경제 블록화로 면화와 양털 수입이 어려워졌기 때문이래요.

그러나 이런 사업들에도 불구하고
농촌의 현실은 개선되지 않았다.

1930년 현재, 여전히 전체 인구의 8할이 농업인구였고,
농업인구의 4분의 3이 소작농, 자소작농이었다.

1930년과 1932년 쌀농사는 일본과 조선 모두 대풍이었다.

여기에 대공황까지 겹치자

쌀값은 곤두박질쳤다.

현미 가마당 가격이
1929년 25원
1930년 22원
1931년 14원

일본 농민들의 항의에

가뜩이나 쌀값이 폭락했는데

조선쌀까지 들여오면 우리들보고 죽으란 거야, 뭐야?

쌀수입 결사반대!

쌀값인상!

쌀 수출길이 막혔다.

1934년에 이르러선 산미증식운동도 잠정중단을…

이젠 안 받아.

쌀값이 더욱 폭락하자 자작농의 몰락이 촉진되었고,

아버님 치료를 하려면 암만해도 밭을 팔아야겠어요.

그래야겠지 …

지주들은 소작료를 올려 부족한 이윤을 보충하려 들었다.

어려울 때는 고통을 분담해야지 안 그래?

고통은 소작농에게 고스란히 전가되었다.

소작료를 1할만 올리세.

결국 농촌 문제의 핵심은 여전히 소작 문제였고,

더 정확히 말하면 각종 공과금에 비료값, 수세까지 떠넘기는 고율의 소작료가 농촌 피폐, 농민 빈궁의 핵심요인이라고.

농촌진흥운동 등 총독부의 정책은 이 핵심 문제를 어찌하지 못했다.

알지, 알지 안다고. 그래서 우리 총독부가 조선소작조정령을 제정했잖아.

1932년 12월 총독부는 조선소작조정령을 공포했다.

소작인과 지주 간에 소작 분쟁이 생길 경우 조정위원회의 조정과 지방법원의 재판을 통해 해결토록 한 것이지.

쟁의라는 집단 행동 말고 조정과 법으로 해결하자는 취지에서 마련된 거야. 어때? 아름답지 않나?

그렇습니다.

그러나 별 소용이 없었다.

왜 또?

소작조정위원회의 조정에 법적 구속력이 없으니 맘에 안 들 땐 무시해버리면 그만ㅎㅎ

그렇다고 재판에 맡길 엄두도 안 나고…

총독부는 이어 조선농지령을 제정했다.

소작 기간은 3년으로, 기간 안에 멋대로 소작 계약을 파기할 수 없도록.

소작료와 관련한 분쟁이 발생하면 부, 군, 도 소작위원회 판정에 따르도록.

역시 효과가
없었다.

이번엔 또 왜?
3년으로 못박아
소작권도
안정시켜줬고
법적 구속력도
부여했구만.

고율의 소작료 자체에
대해 문제삼지 않으니
조정위원회의 판정 자체도
너무 뻔하고,

소작기간 3년을 명시하니
3년 지나면 맘껏 해약할 수
있어서ㅎ

...

몰락한 농민들은 고향을 등지고
도시로, 해외로 살길을 찾아
떠나야 했다.

사실 농민들의 몰락과 이주도
농공병진의 이름하에 추진한
조선산업개발정책 관련
사항이었다.

잉?

우가키는 애초에 이러한 생각을 가졌고,

도시에 공장이
서면 농촌에서
노동력을
공급해줘야지.

기본적으로
남선의 농촌은
인구가 너무
조밀해.

북선과 만주로의 이주를
적극 추진했던 것이다.

...구함
0명
xx

공원모집
00명
흥남xx

만주이주 설명회
:월:일
: : 회관
주최:····

북선이주시
지원 ::::

기획의 땅
만주가
부른다!

내선융화

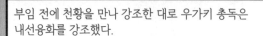

부임 전에 천황을 만나 강조한 대로 우가키 총독은
내선융화를 강조했다.

내선융화!
일본과 조선이
사상적으로
하나가 되자
이 말이지.

뭐 새로운
말도 아냐.
20년대부터
제법 썼던
말이니까.

그런데 융화의 사전적 의미는
이런 것이지만

서로 어울려
갈등이 없이
화목하게 됨

내선융화는 달랐다.

그렇다면
일본과 조선이
서로 어울려
갈등이 없이
화목하게 지내자
이 말인가요?

음··· 비슷하긴 한데,
조선인이 일본인과
사상적으로 융화되어
같은 사상을 갖게하자는
말이지.
서로가 아니라
한쪽으로. OK?

군 출신이면서도 군국주의자들과 달리
깨어 있는 인사인 양 행동했지만

아유~
군바리스러워.

그 역시 황도정신을 신봉하는
철두철미 일본주의자.
따라서 그가 내세우는
내선융화는 이런 것이다.

조선인도
일본인 못지 않게
황도정신을 갖춘
일본주의자가
되라는 거지.

그는 또한 철저한 반공주의자이기도 했다.

황도정신이 아닌 다른 정신에 물들게 되면 치안이 무너지고 사회가 불안해져.

특히 사회주의가 문제야.

일본에선 1928년 긴급칙령으로 치안유지법이 개정되었고,

개정의 핵심은 국체변혁에 대한 처분,

공산당의 활동은 곧 국체변혁을 꾀하는 활동!

사회주의 세력에 대한 대대적인 탄압이 이어졌다.

만주침공 후 더욱 엄벌주의로 흘러 일본 내 사회주의자들은 거의 괴멸되다시피 했습니다.

그런데 조선의 사정은 영판 다르단 말야. 여전히 곳곳에서 준동하고 있거든.

1932년 우가키는 형무소장들을 불러 모아 이렇게 훈시했다.

과격한 사상범들에 대해선 구금의 위력과 엄한 시찰이 느껴지도록 할 것!

동시에 범죄의 원인, 감염 정도, 사상전향의 가능성 등을 고려해서 적절한 처우를 베풀도록!

한편으론 강경한 처벌을, 다른 한편으론 사상 전향을 유도하도록 주문한 것이다.

공산주의 사상을 버리고 일본정신으로 새롭게 무장한다면 새삶이 열린다는걸 알려주라고.

물론 이는 일본 내 정책에 호응한 것이기도 하지만

1932년 사상범보호처분 취급규정을 제정했지.

그가 생각하는 내선융화의 본질을 알게 해주는 행동이다.

한마디로 말하면 사상개조! 공산주의자를 일본주의자로!

나아가 조선인을 일본국민으로!

사상전향정책은 상당한 성과를 거둔다.

전향하면 편안한 새 삶이,

거부하면 괴로운 옥중 생활에다 출옥후에도 감시와 억압이 ... 잘 생각해봐~

사상 전향을 택한 대표적인 이로 박영희가 있다.

시인, 소설가, 평론가로 카프 결성에 주도적 역할을 했던 그는

인생을 위한 예술, 현실과 싸우는 의지의 예술을!

이후 서서히 생각을 바꾸어가더니

카프가 너무 좌경화되고 있어.

1934년 〈동아일보〉에 그 유명한 공개 전향선언을 발표했다.

얻은 것은 이데올로기요, 잃은 것은 예술이다.

하지만 이듬해 2차 카프사건으로 구속돼 1년간 수감되었고, 본격 친일의 길을 간 것은 1930년대 후반에 들어서 외다.

시인, 소설가, 평론가로 박영희와 함께 카프를 이끌었던 김기진도 뒤이어 전향했다.

기독교청년회에서 활동했고 민족대표 33인의 한 사람이기도 했던 박희도는

1년 6개월 복역 후 잡지 〈신생활〉을 창간했다가 신생활사 필화 사건으로 다시 2년 6개월간 복역했다.

신간회에서도 활약했지만

중앙집행위원 겸 신간회보 편집위원이었네.

결국 전향해 최린 등이 주도한 시중회에 참여한다.

時中會

대동방주의!

일선융화!

김경식은 조선노농총동맹 집행위원이었고, 원산노동연합회 집행위원장을 역임한 노동운동계의 거물.

원산로동련합회

원산총파업을 지도한 혐의로 검거되어 6개월간 투옥되었는데 그때 전향했다.

꾸욱…

이향발은 투옥으로 거듭된 삶을 살다가 전향한 경우.

권총과 인쇄물을 갖고 군자금을 모집하러 가다 검거돼 1년,

신생활사 필화사건으로 2년 6개월,

광주학생운동과 관련해 10개월,

나죽노동조합 사건으로 2년,

1919년 이래 절반을 감옥에서 보냈군.

……

이향발! 출소!

1934년에 출소해서는 전향자의 삶을 살았다.

이번에 가면 며칠이나 수고 올거요?

이젠 다시 안 올거요.

이들 전향자들은 총독부 시책에
적극 호응했을 뿐 아니라
내선융화의 선봉 역할을 했다.

물론 더 많은 이들이
가혹한 전향공작을 동반한
투옥 생활을 견뎌냈고

옥사한 이들도 많다.

일반 민중을 상대로 한 내선융화시책은
1932년 국민정신작흥운동으로 모습을
드러냈다.

어떻게?

전국적 조직망을 갖춘
관공서, 학교, 신사들을
총동원해서
신사참배를 시키는 등
…

국민정신 작흥운동

1935년 1월엔 국민정신작흥운동에서 한 걸음 더
나아가 심전(心田)개발운동을 시작한다.

일반민중의 건전한 신앙심을
환기하고 배양하여
심전(心田), 즉 마음밭을
윤택하게 하고,
각자 자신의 업을 역행하는
안심양명의 경지에
도달하기를 바라마지 않는다.

도대체가
뭔 소린지.

어허!
일본 국민으로서의
정신수양을
강조하시는 말씀이잖아.

심전개발운동은 정신교화정책으로 전개되었다.

정신교화란 조선인을
천황폐하께 충성하는
진정한 신민으로
거듭나게 하는
사상교육을 말함이지.

교화에 응하지 않으면요?

그렇다면 계속 국체에 반하는 공산주의 사상이나 독립사상을 고수하겠다는 말인데

그렇다면 당연히 강력히 탄압해야지.

이렇듯 내선융화정책은 곧 강압에 기초한 사상개조운동이었다.

까불고 있어.

총독부의 배후 선동으로 애국기헌납운동이 시작된 것도 이때의 일.

우리손으로 비행기를···

만주침공, 상하이사변 등이 연이어 벌어지자 의연금 모금운동이 전개되었고,

이거야말로 진정한 내선융화운동!

국방헌금으로 국군의 승리를 돕자···

국방헌금···

27만 원이 모금되었다. 이 돈으로 비행기 세 대가 애국기란 이름으로 주문 제작되었다.

1932년에 헌납된 애국 10호를 기념하여 제작된 그림엽서

이와 관련해서 애국옹이라 불린 문명기란 인물의 행보가 이채롭다.

평안도 안주생인데 경북 영덕에서 부를 일궜지.

3.1에 반대했고 경북도 평의회원, 동만회 경북편의원 등을 역임했고.

愛國翁 「文明琦」 一氏

1934년 금광을 팔아 12만 원을 손에 쥔 그는 그중 10만 원을 국방헌금으로 헌납한다.

일본 육군과 해군은 문명기의 헌납금으로 비행기를 각각 한 대씩 마련해 문명기호로 이름 짓고 이를 대대적으로 홍보했다.

조선에서의 애국기헌납운동의 물꼬를 텄다고나 할까?

강경 군국주의자들과는 사뭇 다른 듯이 보인 우가키였지만,

오히려 군국주의자들에 의한 본격 침략전쟁 시대를 한발 앞서 준비한 듯한 인상마저 준다.

응?

그가 이루어낸 중화학공업의 성장은 곧 이어지는 중일전쟁에서 병참기지 역할을 가능케 했고,

내선융화의 이름 아래 행해진 국민정신작흥운동, 심전개발운동 등은 국민총동원운동을 위한 준비운동이 되었다.

1930년 전후의 경성

1910년 1,312만 명이던 조선 인구는 1933년에 이르러선 2,000만을 돌파했다.

이처럼 전체 조선 인구도 크게 늘었지만 도시인구가 보다 급증했다.

농촌에서 살 수 없으니까 자꾸 도시로 몰려들다보니…

대도시엔 일본인의 비중도 상당했다.

딱 봐서 북촌이다 싶으면 일본인촌.

1933년 기준 재일조선인은 45만, 재조선일본인은 54만.

경성에선 전차가 대중교통수단으로 자리 잡고,

인력거 자전거에 이어 택시, 버스까지 생겨났다.

오라이—

왕십리 갑시다.

경성 변화의 중심은 일본인 거주 지역 인근인 명동, 남대문 등으로, 신식 건물이 즐비했다.

1926년 총독부 청사가 경복궁 앞으로 옮겨 오고

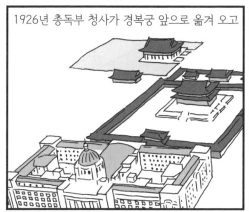

경성부 청사도 지금의 서울시청 자리로 옮겨 오면서

일본인들은 종로에도 주목하기 시작했다.

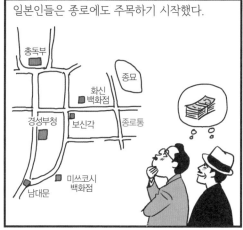

어느덧 종로 거리를 따라서도 고층 건물이 하루가 멀다 하게 올라갔다.

1930년대 초에 이미 일본의 백화점이 4개나 경성에 들어와 있었다.

현 신세계백화점 본점인
미쓰코시백화점

백화점이 경성의 상권을 죄다 흔들어 놓았다우.

그래, 백화점이 경성의 돈을 몽땅 쓸어담고 있단 말이지?
……
백화점을 일본 자본만 하란 법은 없으렷다.

박흥식은 종로에 화신백화점을 세워 성공했다.

내 나이 29살인 1931년에 세웠고 이 건물은 1937년에 새로 지은 거야.

지방의 도시들에도 주요 백화점 지점들이 하나씩 생겨났다.

부산의 미나카이백화점 지점입니다.

고급 요릿집들이 흥성거렸고,

하하하 호호오
館 貝 排

다방들이 속속 생겨나 청춘 남녀들, 예술가들의 만남의 장소로 자리 잡았다.

하지만 이런 시설을 이용할 수 있는 이들은 경성과 지방의 부잣집 자식들이었다.

백화점에서 쇼핑해 당대 최고 유행의 차림을 하고

백화점이나 고급 요릿집에서 위스키나 와인 같은 서양술과 음식을 먹고,

축음기에서 흘러나오는 당대의 유행가를 들으며, 다방에서 커피를 마셨다.

강제 병합 초기엔 〈학도가〉 등의 창가들이 널리 불렸다.

이후 대중가요가 자리 잡게 되는데 초기에 가장 사랑을 받은 노래는 〈희망가〉.

이어 널리 불린 노래는
<사의 찬미>.

광막한 광야를
달리는 인생아
너의 가는 곳
그 어데이냐 ♪

일본에서 음악학교를 나와
서울에서 독창회를 연
첫 소프라노 가수 윤심덕.

1926년 일본으로 건너가 열 곡의
노래를 취입했는데,

그중 한 곡이
<도나우강의 잔물결>에
노랫말을 입힌 이 노래다.

♪ 세상의 것은
너에게 허무니
너 죽은 후는
모두 다 없도다 ♪

그리고 돌아오는 길에
그녀는 유부남 애인인
김우진과 함께
관부연락선에서 유서를 남기고
투신했다.

쇼킹한 사건으로 음반은 대성공을
거두었지만 사건 자체는 오늘날까지
의혹으로 남았다.

유서도 발견되지
않았고 투신 장면을
본 사람도 없고

혹시 자살을
위장한 도피?

음반 성공을 위한
음반사의 타살
이었다는 의견도.

<황성 옛터>는 전수린이 작곡한 곡으로 처음엔
배우 이애리수가 1928년 순회 극단 공연 시 불렀다.

황성옛터에 밤이 되니
월색만 고요해
폐~허에 서린 회포를
말하여 주~노라 ♪

입소문으로 전해지다가 1932년 음반으로 발매되어 5만 장이 팔려나갔다.

1934년엔 김능인 작사, 손목인 작곡에 고복수가 노래한 〈타향살이〉가 크게 유행했다.

1935년엔 〈목포의 눈물〉이 나왔다. 문일석 작사, 손목인 작곡에 이난영이 노래했다.

1920년 홍난파가 작곡한 가곡 〈봉선화〉도 많은 사랑을 받았다.

울 밑에선 봉선화야
네 모양이 처량하다.

길고 긴 날 여름철에
아름답게 꽃 필 적에

어여쁘신 아가씨들
너를 반겨 놀았도다.

바이올린 연주자요, 소설가인 그는 최초의 음악잡지 〈음악계〉의 발행인이기도 하다.

하지만 그는 무엇보다도 빼어난 작곡가.

〈성불사의 밤〉,
〈봄처녀〉,
〈금강에 살으리랏다〉
등이 내 작품이오.

아, 동요
〈고향의 봄〉도.

나의 살던 고향은
꽃 피는 산골
복숭아꽃 살구꽃
아기 진달래.

홍난파에 이어 한국형 가곡을 만들어나간
이는 현제명.

〈가고파〉, 〈뱃노래〉,
〈그 집 앞〉 등을
작곡했소이다.

영화 또한 대중의 사랑을 한몸에
받았다.

團成社
沈淸

초기 영화는 무성영화로 영화의 내용을 전하는 변사가
배우 못지않은 스타였다.

그리하였던
것이었던 것이었던
것이다. 아 ~
사랑에 속고
돈에 울고 ~

주로 할리우드나 일본에서 제작된 영화들이
상영되었는데.

1923년 윤백남이 연출한 〈월하의 맹세〉가
우리나라 최초의 극영화다.

총독부에서
저축장려를 위해
제작한 영화라오.

이후 〈춘향전〉, 〈심청전〉, 〈장화홍련전〉 같은 고전 작품들이 영화화되고,

자, 레디—

1926년에 이르러 〈아리랑〉이 개봉된다.

〈아리랑〉은 대중의 열렬한 사랑을 받았다.

아리랑 아리랑 아라리요~

〈아리랑〉을 제작, 감독, 주연한 이는 나운규.

숱한 영화를 만들고 출연하며 조선 영화를 대표하던 그는 1937년 폐결핵으로 요절했다. 향년 36세.

1932년에 이규환이 〈임자 없는 나룻배〉를 내놓았다.

주연은 여기서도 나운규가,

영화 〈장한몽〉에 주연으로 출연했던 심훈은

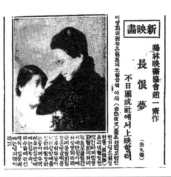

영화 〈먼동이 틀 때〉를 제작, 감독해 성공을 거두었다.

이후 소설 창작에 집중했는데

〈조선일보〉에 연재하던 소설이 두 차례나 검열로 중단되었다.

당장 중단시켓!

1932년엔 시 〈그날이 오면〉을 발표하고 같은 제목의 시집을 출판하려다 검열로 무산되었다.

이 천규 사상이 영~♪

1935년 〈동아일보〉의 장편 공모에 《상록수》가 당선, 연재되면서 공전의 히트를 쳤다.

온통 상록수 얘기네.

어떡해? 영신이 쓰러졌어.

동혁씨는?

이에 다시 영화에 대한 열의가 되살아나 《상록수》의 영화화를 서두르다 죽음을 맞았다. 서른여섯 살.

〈춘향전〉은 1935년에 나온 최초의 조선 유성영화.

와! 직접 말을 하네.

놀랄 노잘세.

이제 변사들은 큰일 났네 그랴.

그나저나 춘향이 너무 곱다.

문예봉이잖아.

감독 이명우, 녹음 문제를 해결한 이필우는 그의 형이다.

단성사, 우미관 등 영화관은 사람들로 북적이고

담배 연기 자욱한 다방에 대중가요가 흘러나온다.

거리엔 네온사인이 휘황히 번쩍거리는 경성.

그러나 조금만 외곽으로 눈을 돌려보면 집이라 이름할 수도 없는 토막집, 움집 들이 즐비했고,

그나마도 없어 가마니 한 장 덮고 자야 하는 이들이 많았다.

그렇게 몸뚱이 하나에 의지해 하루하루를 살아가야 하는 이들이 멋쟁이 모던보이들보다 훨씬 많은 1930년대의 경성이었다.

진남포제련소 파업

1935년 6월 굴뚝 청소를 하던 노동자 20여 명이 떨어져 죽은 것을 계기로 1,200여 노동자들의 파업이 시작됐다. 비록 강경한 탄압과 회사의 강경책에 파업은 무너졌지만, 적색노조운동은 계속 이어졌다.

평안남도 진남포시
(현 평안남도 남포시)

경기도 양주군 노해면 창동리
(현 서울특별시 도봉구 창동)

이재유 체포

일본이 '집요하고 흉악한 조선 공산주의자'라 표현한 이재유가 마침내 1936년 12월 체포되자, 경기도 경찰부 형사들이 잠복 변장 모습 그대로 경찰서 마당에서 기념사진을 찍었다. 맨 앞줄 왼쪽에서 세 번째, 농부 차림을 한 이가 이재유다.

제주도 구좌

우리는		조선어학회		이봉창·윤봉길 의거
	1931		**1932**	
세계는		만주사변		독일 나치, 제1당이 됨

제2장

사회주의 계열의 투쟁

12월 테제 이후 조선의 공산주의자들은
노동자 중심의 당을 건설하기 위해 전력을 다한다.
특히 이재유 그룹은 트로이카 방식을 채택하여
다양한 곳에서 적색노조·농조 활동을 벌인다.
여타의 사회주의 운동이나 노동운동에서 대부분의 운동가들이
지식인과 전위의 역할을 강조하는 것에 비해
이재유는 대중의 역할과 아래로부터의 주체성, 자발성을 중시한다.

제주해녀투쟁

제주 해녀들의 투쟁은 부당한 해산물
수매 가격을 둘러싼 분쟁으로 시작됐다.
하도리 해녀를 중심으로 제기됐고,
세화리, 종달리, 우도 등 이웃 마을에 전파돼
1932년 1월 12일 제주도사가
세화리 오일장에 들르는 시간에 총궐기했다.
100여 명이 체포됐지만 제주 해녀들은
굴하지 않고 투쟁을 계속 진행했다.

1933	흥경성·대전자령전투	1934	양세봉 피살 순국	1935	민족혁명당 창당
	미국, 뉴딜정책		대장정		독일, 재무장선언

각 그룹의 공산당재건운동

부하린과의 반우파투쟁을 벌이면서
좌선회한 스탈린 노선이

코민테른의 좌선회를 가져왔고

조선 공산주의 운동에 12월 테제로 그 모습을 드러내 보였다.

상당 부분 조선의 실정에 맞지 않는
좌경적 경향을 내보였지만

도저히 부정할 수 없는 아픈 지적들도 분명했다.

더구나 대공황은 코민테른 제6차 대회의 판단이 정당함을 상당히 반증해주었다.

자본주의 위기는 전반적 위기의 제 3기로 돌입.

생산의 독점과 국가독점자본주의로의 이행으로 인해 경제적 공황은 가장 강력한 규모로 발전할 것이다.

이로부터 세계 재분할을 위한 제국주의 전쟁이 다시 올 것이다.

노동자와 자본가 사이의 자본주의 내적 모순이 첨예화되고 식민지, 반식민지에서의 반제국주의 전쟁이 확대, 심화될 것이다.

더구나 소련의 확고한 발전이 자본주의의 동요를 심화시키고 공황을 격화시킬 것이다.

다 맞잖아.

조만간 제국주의 대전과 세계혁명의 시기가 펼쳐질텐데

우리에겐 혁명을 이끌 공산당이 없지 않은가?!

새로 만들어야지.

조선의 공산주의자들은 어느 그룹을 막론하고 12월 테제의 진단과

고질적 파쟁이 당 약화의 주된 원인.

이는 조선공산당이 쇼부르주아, 인텔리 중심으로 조직됐기 때문.

처방에 동의했다.

노동자들 속에서 전위를 키워내고 노동자 중심의 진정한 볼셰비키 당을 건설해야.

파쟁과의 결별도 당연!

방향은 정해졌고,
어디서부터 시작해야 할까?

맨 땅에 헤딩할 순
없잖아.

우선은 사상성이나
투쟁성에 있어서
믿을만한 이들과
출발하자.

결국 당재건운동은 다시 과거의 그룹 단위로
전개된다.

믿을만한
이들이라면 역시
옛 동지지.

암!

서울 상하이파는 만주에서 1929년 3월
조선공산당재건설준비회를 조직한다.

조 선 공 산 당 재 건 설 준 비 회

이동휘

윤자영

김철수 등

하지만 코민테른으로부터
해체 지시를 받게 되고

또 다른
파벌일 뿐,
해체하시오.

수용한다.

우리가
12월테제를
잘못 이해한
모양.

해체합시다.

이어 조선좌익노조 전국평의회 준비회를
조직한다.

조 선 좌 익 노 조 전 국 평 의 회 준 비 회

하지만 서울 조직이
조급성을 드러내면서

대거 검거되고 사실상
실패로 귀결된다.

조선좌익노조전국평의회
45명 구속 ...

엠엘파는 조공재건설동맹을 조직했다가 해체하고
공산주의자협의회를 조직했으나

공산주의자협의회

노조와 농민조합을
건설하고 그 안에서
활동한다.

필요한 조직은
단순한 연락만하는
조직이면 되므로
협의회 형태,
동맹은 불필요.

기관지와 격문이 빌미가 되어
18명이 구속되면서 무산된다.

엠엘파의 일원이었던 안광천은
조선공산당으로부터 출당당한
처지(1928년 5월).

부인이 당에서
제명되었는데도
편법을 써서
복당시킨 점!

쳇~

상하이로 건너와 이즈음 사회주의로 많이 기운 김원봉과 손잡고
조공재건동맹을 조직한다.

조공재건동맹

내가
위원장

기관지로
〈레닌주의〉를
발행하고

레닌주의 정치학교를 세워
조직원들을 길러냈다.

졸업생들을 국내에 파견했는데
1933년 종연방직 파업 시
상당수가 검거되고 말았다.

뭐야?
상해에서 온
놈들 왜 이렇게
많아?
너도 옆으로.

제1차 공산당 사건 때 검거를 피해 상하이로 망명했던 김단야.

모스크바에서 3년 유학 후 코민테른에 의해 1929년 조선에 파견되었다. 조선공산당 조직준비위원회를 조직해 활동을 시작했으나

조선공산당조직준비위원회

나 외에 조두원, 김정하도 소련 유학생.

오래지 않아 3·1을 기념하는 격문이 단서가 되어 대부분 검거되었다.

어떻게 정파를 불문하고 격문 한장으로 조직이 무너지냐?

이때 조직은 다시 김단야를 해외로 내보냈다.

동지는 해외로 피신해야겠소.

왜 나만?

동지는 코민테른과 선을 유지해야.

조두원

김정하

코민테른으로 가서 그간의 상황을 보고한 뒤

상하이로 와 코민테른의 지원 아래 다시 당재건에 나선다.

코민테른 동양부 조선위원회는 서울 상하이파와 엠엘파의 활동을 부정하고,

니들은 종파주의!

김단야 등을 앞세워 자신들의 주도로
조선공산당을 재건하려 했다.

니들이 더
종파적이야.

병보석으로 출감 후 조선을 탈출,
모스크바에 유학하고 온 박헌영도 합류했다.

〈코뮤니스트〉를 창간하고 이를 당재건의 무기로 쓰고자 했다.

〈코뮤니스트〉는
정치적, 사상적
지도기관.

배포자를 중심으로
조직을 구축해간다.

러시아
혁명에서의
〈이스크라〉처럼!

코뮤니스트

초기 서울, 부산, 인천, 대구 등지에
배포자가 조직되고 공장 소조들도
조직됐다.

여러 파업투쟁을 지도했지만

1932년 메이데이투쟁 시
인천, 마산 등의 조직들이
무너졌다.

국내 연결자인
김형선이 체포되고

상하이에서 박헌영까지
체포되었다(1933년 7월).

기다리고
있었다.

그렇게 화요파와 코민테른의
재건운동은 물론

각파 그룹의 재건운동도
모두 파산했다.

모스크바로 돌아오라는 지시를 받은 김단야는
박헌영의 부인 주세죽을 설득해 같이 모스크바로 갔고

박 동지는
살아돌아오기
어려울 거요.

부부의 연을 맺었다.

검거 때마다 위험을
피했던 김단야는

나중에 일제의 스파이란 누명을 쓰고
죽게 되는데, 고비마다 체포되지 않았던
전력이 한 원인으로 작용했다.

그렇잖아, 인마!
왜 매번 일제 경찰이
니놈 만을 피해갔냐고?
한 편이 아니라면
설명이 안 되잖아.

함께 체포된 주세죽은
카자흐스탄 유배형에
처해졌다.

이재유 그룹의 재건운동

이재유, 함남 삼수군의 빈농 출신.

> 송도고보에서 동맹휴학을 주도하다가 퇴학당한 뒤 일본으로 유학왔습니다.

사회주의 사상을 수용해 조선공산당 일본총국에 가입했고 선전국 일을 맡아 맹렬한 활동을 벌였다.

1928년의 제4차 조공 탄압 사건 시 검거되어 조선으로 압송되었고 3년 6개월간 징역을 살았다.

감옥에서 김삼룡, 이성출, 이현상 등을 만나 깊이 교유했다.

1932년에 출옥하자 곧장 당재건운동에 뛰어들었다. 지난날의 재건운동에 대한 그의 신랄한 비판을 들어보자.

> 서울상해파의 조선공산당재건설준비위원회는 파벌 우두머리들이 만든 뿌리없는 조직이었습니다.

> 엠엘파의 재건운동도 인텔리의 한계와 파벌성을 극복하지 못했습니다.

김단야 등의 조선공산당 조직준비위는 국제 지령을 기계적으로 적용한 유학생 조직에 불과하고

공산주의자협의회도 종파 세력의 확장에 그쳤지요.

하나같이 분열과 대립을 일삼아서 프롤레타리아트의 전투력을 약화시켰습니다.

강철같은 의지와 규율을 가진 공산당을 재건하는 것은 조선 공산주의자들의 당면한 임무!

동맹휴학, 파업같은 실천투쟁을 통해 당 조직을 건설해야 합니다.

의기투합한 동지들에겐 역할을 분담시켰다.

김삼룡 동지는 적색노조 건설에 전력해 주오.

잘 알겠소.

안병춘에겐 영등포 공장 지대에서 동지를 획득토록 했다.

전력을 다하겠습니다.

이성출에겐 양평군 적색농조 조직을,

이순금에겐 여공들 속에서 적색노조를 조직할 것을,

변홍대에겐 용산 방면에서 노동자들을 조직하는 일을 각각 맡겼다.

역할은 배분했지만 중앙의 지휘 아래 일사불란하게 움직이는 조직이 아니라 각각이 자유롭게 활동하는 이른바 트로이카 방식을 택했다.

세 마리 말이 동등하게 마차를 끄는 것처럼 활동가들이 동등한 권한을 갖고 움직이는 겁니다.

단일한 조직체보다는 동지 사이의 연락관계라고나 할까요?

이렇게 하는 게 조직 보호에도 유리할 뿐더러 다른 노선을 가진 운동자들을 함께할 수 있게 해줍니다.

다만 최소한의 통일성은 불가피한 것이어서

어쨌거나 우리의 목표는 당 재건이니까

각 자의 영역에서 실천투쟁을 벌이되 그 성과는 단일한 대오로 모아져야 합니다.

사실상의 상부 조직을 구성했다.

전체 총괄 : 이재유
노동운동 : 안병춘, 이현상, 변홍대
학생운동 : 최소복

이들은 곳곳에서 적색노조, 적색농조 활동을 벌여나갔고

파업투쟁을 조직하고 지도했다.

하지만 종연방직 파업의 배후를 수사하는 과정에서 주요 조직원들이 검거된다.

이현상을 시작으로
핵심 성원들도 차례로
검거되었다.

이른바 경성트로이카 활동을
시작한 지 1년여 만의 일이다.

1934년 3월 이재유는 탈출한다.

도주하던 그는 어떤 담장을
넘어가서

그대로 혼절해버렸다.
장기간의 가혹한 취조로
체력이 바닥난 탓이었다.

그가 담 넘어 간 곳은
미국영사관.

그는 지체 없이 서대문경찰서에 인계되었다.

가혹한 고문이 이어졌고,

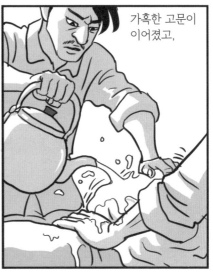

꼼짝도 할 수 없는 상태로 구금되었다.

손목엔 수갑

허리엔 방울 →

발목엔 쇳덩어리

그런 그를 감시하는 젊은 일본인 경찰은 진보적인 청년이었다.

저도 지금의 천황제는 문제가 많다고 생각합니다.

공산주의요? 나쁘겐 생각하지 않습니다.

이재유는 일본인 경찰의 마음을 움직여

선생님 나가서 싸우십시오.

다시 탈출한다.

택시-

그의 탈출을 30분 늦게 보고해 무사히 탈출할 수 있게 해준 경찰은 뒤에 참수되었답니다.

탈출에 성공한 그는 경성제대 법문학부 교수인 미야케 시카노스케의 집에 몸을 숨겼다.

공산주의자인 미야케 교수의 도움으로 응접실 탁자 밑에 굴을 파고 40여 일간 생활했다.

미야케 교수가 다른 일로 체포되자

그의 집을 나와 일용직 노동자 등으로 생활을 이어갔다.

검거되었다가 풀려난 박진홍을 만나 동거를 시작하더니

박진홍의 학교 선생이던 이관술을 만나면서 다시 본격적 활동에 들어갔다.

경성반제동맹 사건으로 올 초에 구속되었다가 가출옥으로 나왔습니다. 재판은 아직 진행중입니다.

본래 저는 맑스주의도 공부했지만 민족주의자에 가까웠습니다.

그런데 광주학생운동 시 민족주의자 교사들이 보인 비겁한 태도를 보며 민족주의자들에겐 항일 의지가 없다는 걸 느끼고 공산주의로 방향을 바꿨습니다.

이관술의 소개로 박영출을 만나

일본공산당에서 활동하다가 서울에 온 지는 얼마 되지 않습니다.

새 지도부를 구성했다.

박동지는 노동운동 지도를, 이동지는 학생운동 지도를 맡아주오.

나는 출판, 선전활동을 맡아하겠소.

조선공산당재건 경성트로이카를 조선공산당재건그룹으로 바꾸고 활동을 개시했다.

반제국주의 투쟁 만세! 노동계급 해방투쟁 만세!

조선공산당재건그룹

하지만 공장 조직들이 모두 무너진 터였고

경찰의 감시가 심해

독서회 활동이 그나마 할 수 있는 최선이었다.

두 달 남짓 만에 박진홍이 검거되었다. 박진홍은 임신한 몸이었지만 고문에도 이재유의 행방을 불지 않았다.

몇 달 뒤 검거된
박영출도 역시
이재유의 행방에 대해
함구했다.

이재유는 농민으로
변장해 양주로 가서
아지트를 마련하고

이관술과 함께 출판 활동을
이어가기로 했다.

〈적기〉를 제작, 배포하는
방식으로 조직사업을
벌여가기로 한 것.

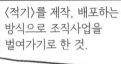

그러나 배포자들이 체포되기 시작한다.

1936년 12월, 농사꾼, 노동자, 학생 등으로 변장해 잠복하던
수십 명의 경찰이

이재유
선생!

달려들어 이재유를 짓밟았다.

떡 퍽
퍽 퍽 퍽
퍽 퍽 퍽
퍽 퍽
퍽 퍽 퍽
퍽

조선총독부 기관지인 〈경성일보〉는 호외를 발행해 '집요 흉악의 조선공산당 마침내 괴멸하다'라는 표제 아래 그의 검거를 보도했다.

20여 년에 걸친 조선공산당운동사는 이제 최후의 일항이 완전히 봉쇄되고 이로써 조선공산당운동에 의한 모든 화근은 여기에서 완전히 괴멸 종식되었다. 이후 농촌 공장가에 명랑한 대기가 약동하고 전 반도에 낭랑하게 울려 퍼지는 것은 평화와 환희의 대합창이다.

재판은 오래 걸렸고 1938년 7월에야 징역 6년이 언도되었다.

옥중에서도 조선어 사용 금지 반대, 수감자 처우 개선 투쟁 등에 앞장섰던 그는

1944년 10월 해방을 1년도 채 남기지 않고 40세를 일기로 옥사했다.

이때는 이미 형기를 마친 때였지만 전향을 거부한 탓에 석방되지 못했다오.

적색노조운동

노동운동가들은 진작부터
산업별 노조의 필요성에 공감했다.

산업별로 뭉쳐야
교섭력도 커지고
적에게도 제대로
타격을 가할 수
있으니까.

코민테른의
권장 사항이기도.

서울 인쇄 분야에서
조직 경쟁을 하던 두 조직이
통합 논의에 들어가

인쇄직공조합

인쇄직공동맹

단결!

처음으로 산별노조인
출판노동조합을 이뤄냈다.

출판
노동조합

그러나 산별노조로의 재편은 많은 경우 구호에 그쳤다.

아직 자본주의의
발전 정도가
미미한데다

우리 운동의
수준도 아직…

아무래도
우리의 상황에
맞지 않은 듯.

몇몇 지방에까지 조직됐던 출판노조도
전국 조직은 이루지 못했다.

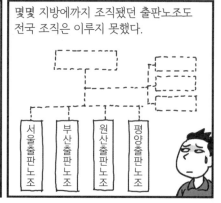

서울출판노조

부산출판노조

원산출판노조

평양출판노조

1930년대 노동운동에서 가장 두드러졌던 흐름은 적색노조운동이다.

적색노조란
계급성을 분명히
내세운
혁명적 노조!

적 색
노 조

일제 당국의 극심한 탄압과

그에 따른 조합 지도자들의 투항적 경향의 증대,

그리고 12월 테제 이래 국제 공산주의 운동, 노동운동의 좌편향 노선이 가져온 결과다.

대부분의 적색노조운동은 당재건운동과 연계되어 전개되었다.

초기엔 각 당파의 당재건 욕심이 강한 나머지 팸플릿상의 구호만 무성했다.

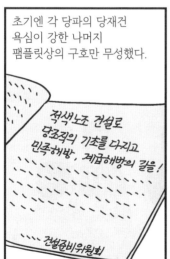

본격적인 현장 활동이 시작된 것은 대중적 기반이 강조되던 1931년 이후다. 활동가들은 공장에 들어가 노동자들을 조직하고

파업투쟁을 이끌며 이를 통해 조직원을 단련시키고 당원으로 준비시키려 했다.

하지만 적색노조가 실제로 조직된 사례는 없어, 대부분 조직 결성의 준비 단계에 파괴되었지.

1931~35년 적색노조운동으로 검거된 수는 70여 건에 1,795명!

적색노조운동이 가장 활발했던 지역은 흥남 일대다.

왜냐하면 흥남엔 1927년에 들어선 흥남질소비료가 있기 때문이지.

함경남도 출신으로 경성제대를 나오고 조선공산당에서 활동했던 주영하는

흥남비료에 직원으로 들어와 연구 모임을 만들었다.

명목은 노동현장의 사정을 조사하고 노동운동을 연구하는 것으로.

여기에 연희전문학교 출신으로 조선학생과학연구회에서 활동했으며 조선공산당원이었던 정달헌이 합세한다.

정동지는 모스크바의 동방노력자공산대학에서 3년을 수료하고 이번에 귀국했습니다.

다시 태평양노조 선만(鮮滿) 책임자인
김호반 등이 결합한다.

김호반은 자유시 한인보병대대 고려혁명군
출신으로 동방노력자공산대학을 나왔고
국내에 파견돼서는
조선공산당 경남도당책을
맡았던 인물.

조선의 혁명화를 위해
태평양노조는 이곳
흥남을 주목했습니다.

태평양노조 (태로)는
태평양 연안지역 나라들의
노동운동 지도를 위해
프로핀테른의 주도로
창립된 조직입니다.

이들은 함흥산별위원회를 조직하고
전국 차원의 혁명적 노조를 꾸리려 했다.

함 흥 산 별 위 원 회

서울, 인천, 평양, 부산 등지에
활동가를 파견하기도 했으나

별 성과를 보지 못하고 김호반을 비롯한
수백 명이 검거되고 만다(1931년 제1차 태로 사건).

검거를 피한 주영하, 장회건 등은 조직 재건에 나섰다.

이미 같은 공장에서 활동해온 엠엘파 활동가들과도 공동투쟁을 모색했다.

프로핀테른 블라디보스토크 연락부에서 파견돼 온 김원묵, 박세영 등이 결합하면서

흥남좌익이 조직된다.

흥남좌익

노동자 신문을 만들고 신문기자단, 구독반을 중심으로 세포 조직을!

하지만 결성된 지 한 달도 못 돼 대거 검거되고 만다(1932년 4월 제2차 태로 사건).

몇 달 뒤 모스크바 유학생 임민호, 고경인의 노력으로 활동이 재개되었다.

조선질소비료공장 외에도 함흥의 편창제사, 흥원의 본궁통조림공장 등에서 조직 사업을 벌였습니다.

하지만 이듬해인 1933년 2월, 3·1혁명 14주년 기념투쟁을 준비하다 80여 명이 체포된다 (제3차 태로 사건).

1934년에 프로핀테른에서 파견한 이경덕이 다시 조선질소비료공장에서 적색노조를 조직하려다 20여 명이 체포되었다(제4차 태로 사건).

네 차례에 걸친 대대적인 탄압으로 대부분이 검거되었고 4~10년의 징역형을 살았다.

태로 사건의 주도자들은 국내, 만주, 러시아 등 주요 활동 무대는 달랐어도 모스크바의 동방노력자공산대학 출신이 대부분이었다.

앞서 본 이재유 그룹도 적색노조 활동에 적극 뛰어들어 영등포, 용산, 동대문 밖 등 곳곳의 공장에서 조직 활동을 벌였고,

100여 명에 달하는 노동자들을 조직해낼 수 있었다.

경성방직, 고려고무, 조선제사, 종연방직 등 수십 개의 공장에 4~10명씩 조직되었었지요.

원산 지역은 원산총파업 이후
역량이 크게 약화된 상황.

와세다대 출신의 김현제는 일대의 활동가들을 조직해
1932년 3월 산별노조조직준비회로 발전시켰다.

산별노조조직준비회

그러나 이내 경찰에 포착되고 1932년 4월 대부분 검거되고 만다.

적색노조와 관련된
파업투쟁을 살펴보자.

1933년 서울에 크고 작은
연쇄파업이 벌어졌다.
동대문 외곽 지대의
제사, 고무 공장 여성노동자들과

용산공작소 영등포공장 노동자들의
연쇄파업이 있었다.

같은 시기에 동덕여고보,
조선기독교청년학교,
숙명여고보, 중앙고보 등의
동맹휴교가 있었고,

몇 달 뒤에 종연방직
경성제사공장 여공 500명이
총파업을 벌였다.

이재유 그룹을 비롯해 당재건을
꿈꾸던 사회주의자들과의 관계
속에서 이루어진 투쟁들이다.

1935년 6월 진남포제련소에선
굴뚝 청소를 하던 노동자 20여 명이
전부 떨어져 죽었다.

1,200명 노동자들은 총파업에 나섰다.

회사는 요구 조건을 거부함은 물론

됐고,

잠시만 앉아있게.
자네들을
보고싶어하는
사람들이
있거든.

담판하러 온 노동자 대표들을
경찰에 넘겨버렸다.

격분한 노동자들은 사무소를 습격하고

경찰을 무장해제시켜버릴 정도로 격렬히 저항했다.

장기화된 파업은 헌병대까지 동원한
당국의 탄압과

짝 짝 짝 짝

회사의 강경책에

일터로 복귀하지
않는 자는 전원
해고한다!

결국 무너지고 만다.

빨랑 들어가서
용광로에
불지펴!

탄압은 갈수록 극심해졌지만
1930년대 후반까지도
적색노조운동은 이어졌다.

적색
노조

적색농조운동

12월 테제 이후 사회주의자들의 농민운동 방향도 혁명적 농조, 적색농조운동으로 바뀌었다.

노동동맹의 기치 아래 민족해방과 계급해방을!

민족문제의 중심은 농민문제요 토지문제!

농민을 혁명의 주역으로!

12월 테제의 좌경적 경향의 반영이지만

민족 개량주의자, 타협주의자 타도!

당시 농민들의 상황에 어느 정도 부합되는 방향이기도 했다.

소작료는 갈수록 오르는데 쌀 값은 바닥이고

1년 간 뼈빠지게 일을 해봐도 봄이 되면 먹을 게 없어 굶주려야 해.

엿 같은 세상이야, 확 엎어버렸으면 좋겠어.

사회주의자들이 내세우는 토지혁명 주장도 농민들의 마음을 움직였다.

토지는 농민에게!

되기만 한다면 얼마나 좋겠누?

적색 농조

……

기존 농민조합의 개량주의적 지도부를 비판하고
혁명적으로 개조하거나

새롭게 혁명적 농조를 조직하는 방식으로
진행되었다.

우리의 권익을 위해 제대로 싸울 줄 아는 조합이 돼야!

농민들의 열악한 처지와 맞물려
적색농조운동은 빠르게 농촌을
파고들었다.

1930년대 적색농조운동이 전개된 지역은 전국의 군 가운데 1/3이 넘었습니다.

하지만 좌경적 경향과

소작료는 4할로! 영구소작권 쟁취! 비료, 종자대금은 지주에게! 토지혁명! 노농소비에트!

멈칫…

일제의 강경한 탄압은 적색농조운동의 대중화를 어렵게 만들었다.

혁명적농조운동과 관련해 우리가 검거한 자만 수만 명이고 검찰에 송치한 자만 해도 6,250명에 달했으니까.

적색농조운동이
특히 활발했던 곳은
함경도 지역이었다.

명천
홍원   단천
흥남

송치된 6,250명 가운데 함경도 사람이 4천 명이 넘쏙다래.

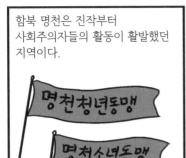

함북 명천은 진작부터
사회주의자들의 활동이 활발했던
지역이다.

1930~1933년에만 이 지역에서 검거된 청년이
457명에 이르렀을 정도.

관련된 주요 사건들을
볼 것 같으면,
서울상해계열
조공재건준비회
지도하에 전개된
야체이카 건설 활동,

중국공산당
조선국내공작위원회
지도하에 전개된
혁명적 노조, 농조
건설 활동,
ML계에서 지도한
혁명적농조 건설 활동
등이야.

본격적인 적색농조운동은
1934년 들어 시작되었다.

한수광 등은
농민조합운동 명천좌익을
결성하고 조직을 확대하다가

농민조합운동명천좌익

몇 개월 사이에
4개 면,
28개 동리에
준비 조직이⋯

1935년 1월 검거되었다.

검거를 피한 이들은
조직 재건에 나섰고,

1년 사이에 상당한 조직적 성과를 냈다.

현재 4개 면에 좌익농조,
48개 동리에 농민위원회,
176개 농민 그룹이 구축되었고

2개의 좌익어민조합,
17개의 좌익어민위원회,
23개의 어민 그룹이
조직되었습니다.

공공연히 정치적 지향을 드러내면서도

지주 토지의 무상몰수 무상분배!

노농독재 정부수립!

농민들의 이익을 옹호하는 대중투쟁을 조직해 지지를 이끌어냈다.

춘궁기엔 기아반대투쟁, 추수기엔 소작료인하투쟁을!

소작료인

그 밖에도 기관지 발행, 독서회, 연구회 등을 통한 사회주의 교양에도 힘썼습니다.

하지만 이런 왕성한 활동을 일제 경찰이 그냥 지나칠 리 없어서

1936년에 무려 1,043명을 검거하는 궤멸적 탄압을 행한다.

징역형을 받은 사람만 263명,

명천 지역 청년들 씨가 마르겠네 ㅇㅇ

함경남도 홍원에선 1931년 혁명적 농조가 출범했다.

홍원농조

기존 홍원농민조합이 홍원청년동맹과 신간회 홍원지회를 흡수해서 출범했죠.

6개 면 단위에 지부를, 리 단위엔 반조직을 두었다.

각 지부마다엔 청년부, 부인부, 소년부, 농업노동부, 선전부, 연락부, 자위단 등을 두었습니다.

다음과 같은 행동 강령도 내세웠다.

- -. 조선농민사 박멸
- -. 삼림조합 반대
- -. 봉건적 인습 타파
- -. 농민의 계급투쟁 교양
- -. 주재소 설치 반대

조선농민사에 대해선 조금 뒤에.

1931년 5월 호세 납입고지서가 발부되자 불납투쟁을 벌였고,

농촌은 날로 피폐해지는데 어째서 세금은 올라만 가는가?

각종 증서 소각운동을 전개했다.

채권 증서, 임대차 문서, 계승서 등등 … 이런 문서 쪼가리들이 우리 농민들의 삶을 옥죄고 있다 —

옹소! 오사!

야학을 통해 민족의식과 사회주의 사상 교양에도 힘썼던 홍원적색농조는

세금을 거부하고 공문서를 소각하고… 국체에 반하는 불순한 무리들!

조합원 500명이 검거되는 대규모 탄압을 받고 파괴되었다.

전남 영암의 공산주의자들인 김판권, 최판옥, 유용희 등은

동창회, 청년회, 야학, 소작상부회 등 기존의 합법 조직을 활용해 비밀농민조합을 조직한다.

강연회, 야학, 연극 공연 등을 통해 농민 교양에 힘쓰고

소작 문제에 적극 개입하려 했다.

소작권을 함부로 옮기지 못하게 대응책을…

영암공산주의자협의회를 별도로 조직한 김판권 등은 1932년 6월 4일 노동절 기념식을 갖고 반일, 반지주 시위를 벌였다.

일본인은 우리의 논밭을 내놓아라!

일본인은 이땅에서 물러가라!

마름의 횡포를 뿌리뽑자!

이 일로 100여 명이 검거되고 67명이 재판에 회부되었다 (영보정 사건).

피고 김판권 징역 5년, 유용희 5년, 곽명수 5년, ……

1933년 5월, 해남과 완도의 대표적인 사회주의 활동가 김홍배, 황동윤의 주도로 전남운동협의회가 만들어졌다.

전남운동협의회

이듬해 적색농민조합 건설준비회로 개칭하는데

영암 지역에서는 최규문 등이 참여했다.

1935년 강진군 주재소 방화 사건으로

윤가현이 검거되면서 조직이 드러났고,

558명이 검거되었다.

이 밖에도 함흥, 양양, 삼척, 양평, 여주, 부여, 김해 등지의 적색농조운동이 특히 활발했다.

적색농조

제주해녀투쟁

1920년 전후 시기에
제주 해녀의 수는 1만여 명에
달했다.

이들이 채취한 해산물은
해조회사들에 헐값으로 팔렸고

해녀들의 손에 들어오는 것은
미미했다.

이에 제주 해녀들의 권익 옹호를 위한
해녀조합 설립운동이 제주의 유지들을
중심으로 벌어졌다.

마침내 1920년 4월
제주도 해녀조합이
설립되었다.

그런데 해를 거듭할수록 조합은 어용화되어갔고

우리의 조합인데

도사와 면장들이 조합간부를 맡고 있으니…

조합 간부, 담당 서기 등이 상인들과 결탁해 이익을 챙기는 일이 많아졌다.

작은 성의입니다.

1930년에 이르면 채취 해물 판매로 해녀가 얻는 수입은 고작 2할에 불과하게 된다.

어떻 된 일이우꽈?

들어봐요. 해조회사에서 수수료 5할을 가져가고 조합 수수료가 1.8할에다가 사례비 등이 빠지니까 그 만큼밖에 안 남지.

이즈음 젊은 해녀들 상당수는 사회주의 청년들이 세운 야학을 통해 각성하고 있었다.

야학

글도 익혔고

민족이 뭔지 계급이 뭔지도 알게 되었지.

1930년 성산포에서 해초 부정 판매 사건이 발생하자 청년들과 해녀들은 이를 규탄하는 격문을 살포했고

오다가 주웠는데 뭐라고 써 있니?

그러니까…

청년 오문규와 부승림은 벌금형을 받았다.

1931년,
지정 매수인이
전복 수매를
거부했고,

그 가격으론
못사지.

해녀들이 조합의 처리를
요구하는 사이 전복은
상해버렸다.

이런 일을 숱하게 겪은 해녀들은
분노했다.

더 이상은
안돼.

당하기만 하는
바보가 아니란걸
보여주자고.

요구 조건을 결정하고

- 모든 어획물은 현품으로 판매하고 생산자의 의사에
  따라 입찰, 경매하라.
- 지정 상인을 파면, 처벌하라.
- 악질 상인과 결탁한 조합 서기 파면하라.
- 조합원 기만하는 관제 조합 반대한다.

이듬해인 1932년 1월, 해녀 300명이 하도리에서 시위행진을 시작했다.

지.정.판.매.폐.지.하.라!

시위대는 세화리 장터를 지나 평대리 사무소에 당도했다.

상인 옹호한
조합서기
파면하라!

파면하라!

면지부장입니다.
제가 단독으로 처리할 수는
없는 일인지라 …
도사께서 12일에 순시차
오시는데 그떄 제가 알선해서
최선의 방법을 찾아보도록
하겠습니다.

면장의 약속을 믿고
해산했는데…

이제껏
참았는데

까짓 거
그떄까진
기다려 주지.

우리의
첫번 째 요구가
지정판매
반대인데

우릴 완전
무사하네.

알림
포패류 지정판매
-일시: 32.1.12
-장소: ·····
·····

1월 12일은 다구치 도사의
순시가 예정된 날이자
세화 장날이기도.

구좌면 6개 마을 해녀들은
이날의 행동 계획을 마련했다.

각 마을 별로
해녀들을 동원해
장터로 집결하고

조합장인
다구치 도사에게
기필코 약속을
받아내야!

이날, 각 마을에서 나온 해녀 500여 명이 세화리 장터에서
집회를 가졌고 장을 보러 온 1만여 명의 구경꾼이 주변을 메웠다.

순시차 온 도사가 서둘러 돌아가려 한다는 소식에

뭐라?

안 되지!

시위대는 주재소로 몰려가 도사를 에워쌌다.

썩 비키지 못 해?

물러 섯! 길을 트라고.

칼로 우리를 대할 거면 그리 해보소. 우린 죽음으로 맞설 테니.

옳소!

결국 도사와 해녀 대표들과의 면담이 이뤄졌고 도사가 약속했다.

잘 들었소. 조금만 참아주면 해결해주겠소. 약속하오.

와아 만세!

그러나 이후의 전개는 해녀들의 기대를 빗나갔다.

1월 24일 무장 경관 수십 명이 세화리에 급파돼

청년 수십 명을 체포한다.

분노한 해녀들은 주재소로 몰려가 총칼의 위협에도 굴하지 않고 격렬히 항의했다.

죄 없는 청년들을 석방하라!

100여 명이 검거되었지만

해녀들은 밤늦게까지 흩어지지 않았다.

1월 26일엔 우도에 피신한 해녀 30명을 체포해 압송하려 하자 수백 명의 해녀들이 달려들었다.

우리 해녀들 내놓아라!

공포탄이 발사되고 나서야 해녀들은 흩어졌다.

이번 일련의 소요 사건은 순진한 해녀들을 민중운동자협의회라는 불순한 사회주의 단체가 꼬드겨서 일어난 일로...

경찰은 38명의 청년 활동가들을 검거해 12명을 재판에 넘겼다.

해녀들도 100여 명이 체포되었지만

혹시 잡히게 되면 모든 건 우리 셋이 시킨 거라고 대답해요.

김옥련, 부춘화, 부덕량 등 셋을 제외하곤 모두 석방됐다.

적기가

민중의 기 붉은 기는
전사의 시체를 싼다
시체가 식어서 굳기 전에
혈조는 깃발을 물들이리
높이 세워라 붉은 깃발을
그 그늘에서 굳게 맹세해
비겁한 자여 갈려면 가라
우리들은 붉은 기를 지킨다
…
우리들은 언제든지 이 깃발을
높이 들고 나가기를 맹세한다
오너라 감옥과 단두대야
이것이 고별의 인사이다
높이 세워라 붉은 깃발을
그 그늘에서 굳게 맹세해
비겁한 자여 갈려면 가라
우리들은 붉은 기를 지킨다

1930년대 이후 사회주의 진영에서 널리 불린 〈적기가〉는 독일 민요를 번안한 노래로
영국과 아일랜드의 노동당 당가이기도 하다.

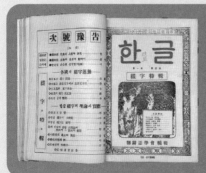

〈한글〉

주시경 선생의 뜻을 이은
조선어연구회는 한글 연구에
매진했고 그 성과를 모아
동인지 〈한글〉을 발행했다.
조선어학회로 이름을 고친 후
'한글 맞춤법 통일안'을
발표했다.

경성

당진

필경사

심훈은 경성 제일고등보통학교 재학 시 3·1혁명에 가담해
투옥됐다. 〈동아일보〉, 〈조선일보〉 등에 있으면서 소설 집필은
물론 영화 연출까지 했다. 당진 필경사는 충청남도 당진군
송악읍에 있는 일제강점기의 건축물로, 심훈은 이곳에서
1935년 농촌계몽 소설로 유명한 《상록수》를 저술했다.

제3장

민족주의 계열의 운동

1930년대 〈조선일보〉와 〈동아일보〉가 중심이 되어
문자보급운동과 브나로드운동 등 농촌에서 문맹퇴치운동을 벌여나간다.
또한 조선어학회 주도로 '한글 맞춤법 통일안'이 만들어지고,
일제의 식민 사학에 맞선 민족 사학의 대응 등 국학운동도 일어난다.

〈동아일보〉와 〈조선일보〉 사옥

호남 갑부 김성수의 지원을 받은 〈동아일보〉와 금광 사업으로 돈을 번 방응모가
인수한 〈조선일보〉는 1930년대에 들어 더욱 치열하게 경쟁하며 성장해갔다.
하지만 양적 성장과는 별개로 민족지로서의 성격은 점차 퇴색돼갔다.

흥경성·대전자령전투	양세봉 피살 순국	민족혁명당 창당
1933	**1934**	**1935**
미국, 뉴딜정책	대장정	독일, 재무장선언

농촌운동

1930년대를 특징지은
적색농조운동과는 또 다른
움직임이 농촌에 있었다.

농민을 주체로 한 농민운동과는
구분되는 농촌운동이 그것이다.

농민을 대상으로 한
지식인 운동이랄까…

1920년대 전반까지
나름대로 영향력을 지녔던
농촌계몽운동은

사회주의의 보급과
사회주의자들 주도의 농민운동으로
그 영향력이 크게 줄어들었다.

소작료를 인하하라

하지만 1930년대에 들어서자
상황이 바뀐다.

적색농조운동으로 대표되는 사회주의적, 항일적 농민운동은
총독부의 강경한 탄압과 마주해야 했고,

조공행상조

농민 대중의 참여를 어렵게 만들었다.

감옥 갈 각오를 해야 해서…

반면 종교단체, 언론 등이 주도하는 농촌운동은 지주, 상공업자 등 지역 유지들의 지지를 가져왔고

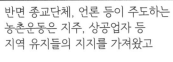

좋은 일이네.

뭐 도울 일이라도?

총독부 당국도 암묵적으로 지지하거나 적어도 웬만해선 방해하지 않았다.

우리가 하는 농촌진흥운동과도 맥이 닿아 있는듯 보이고.

농촌운동은 정치적 자치, 경제적 구제를 앞세웠다.

싸우기만 해서 되겠습니까?

농민들의 생활에 도움이 돼야죠.

총독부를 상대로 농민들의 생활 개선과 관련한 청원운동을 벌이거나

가난한 농민들이 다시 일어설 수 있게 농가부채를 탕감해 주시길~

소작관계 개선에도 힘써 주시고요.

농사 개량, 부업 장려, 협동조합 등을 앞세우면서

여기에다 노름을 근절하고 절약한다면 잘 살 수 있습니다.

대중적 기반을 확대해갔다.

잘 살 수 있다면야…

손해 날 건 없는 듯하니 한 번 믿어 보지 뭐.

조선 농민사 얘기유?

농촌운동 단체와 참가인원이 사회주의권을 능가하게 되었소이다.

앞장선 대표적 주체는 천도교다. 1925년 10월 조선농민사를 설립해

조선 농민의 교양과 훈련을 목적으로!

축 조선농민사창립

리농민사, 면농민사, 군농민사, 전조선농민사로 계열화시켰고, 크게 성장했다.

1930년에 40개 군농민사, 8천여 사원에서 1932년 현재 128개 군농민사와 3만여 사원으로.

30년대 초반에 급 성장했죠.

ㅇㅇ군 농민사

조선농민사가 1931년에 조직한 농민공생조합도 급성장했다.

33년에 이르면 5만여 조합원에 총자금은 30만 원에 달했습니다.

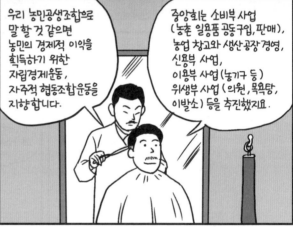

우리 농민공생조합으로 말할 것 같으면 농민의 경제적 이익을 획득하기 위한 자립경제운동, 자주적 협동조합운동을 지향합니다.

중앙회는 소비부 사업 (농촌 일용품 공동구입, 판매), 농업 창고와 생산공장 경영, 신용부 사업, 이용부 사업(농기구 등) 위생부 사업(의원, 목욕탕, 이발소) 등을 추진했지요.

하지만 1933년 말부터 재정의 궁핍과

통장 잔고가...

지도부의 친일화로 지방조직이 무너지기 시작하더니

××군 농민사

1936년에 해체되고 말았다.

조선농민사

기독교 진영도 농촌에 눈을 돌리지 않을 수 없었다.

교인의 7할이 농촌에 살고 있는지라 …

사회주의자들의 반기독교운동의 영향도 컸다.

종교는 인민의 아편!

허황된 교리에서 벗어나 현실을 똑똑히 보라!

이에 YMCA, YWCA는 물론 장로교단, 감리교단도 1928년부터 농촌부를 두어 농촌운동을 시작했다.

사업의 기본 순서는 문맹퇴치-단체 조직- 농사개량-지도자 양성.

문맹 퇴치에 특히 신경 썼다.

문맹을 퇴치해야 성경을 보급하지.

1931년 감리교 소속 야학만 727개, 1932년 아동성경학교가 952개.

성경 말고도 한글, 노래 등을 가르쳤죠.

각지에 농우회, 진흥회 등의 이름을 단 단체들을 조직하고 신용조합, 소비조합, 협동조합도 만들어갔다.

농우회
○○ 교회
○○ 신용조합
교회

또한 농촌 지도자 양성에도 힘을 쏟았다.

농업 지식, 협동조합, 음악, 체육 등을 가르쳤습니다.

농촌지도자 양성학교
○○교회

한글 보급운동이 일제의 강제로 중단되고 각 단체의 농촌부도 해산되면서 기독교 농촌운동도 1937년 이후 소멸의 길로.

언론도 문맹 퇴치를 중심으로 한
농촌운동에 뛰어들었다.

문맹률이
90%가 넘어요.

민족의 힘을
키우려면 먼저
문맹에서
벗어나게 해야.

〈조선일보〉는 1929년 여름방학을 맞아
'제1회 귀향 남녀학생 문자보급운동'을
시작했다.

여기에 호응해
4백 명의 학생이
농촌에서
한글보급운동을
펼쳤죠.

아는 것이 힘
배워야 산다

학생들의 호응은 갈수록 더해갔다.

이듬해인 1930년엔
9백 명의 학생이,
1931년엔
1천8백 명의 학생이,
1934년엔
5천 명이 넘는 학생이
참가했습니다.

1932, 1933년엔
신문사의 재정난으로
중단되었고요.

ㄱㄴㄷㄹㅁㅂㅅㅇㅈㅊㅋ
ㅌㅍㅎㄲㄸㅃㅆㅉ
ㅏㅑㅓㅕㅗㅛㅜㅠㅡㅣ
가 갸 거 겨
나 다 라

〈동아일보〉도 1931년 여름방학부터
브나로드운동이란 이름 아래
유사한 운동을 시작했다.

브나로드는
러시아 말,
혁명가들이
썼던 구호로
'민중속으로'
라는 뜻.

브나로드!!
다 함께
가르키자!
배우자!

학생계몽대와 학생강연대가 활동했고,

학생계몽대는
고보 4, 5학년들을
중심으로 꾸려졌고
한글과 산술 강습을
담당했고요,

전문학교 이상으로
꾸려진 학생강연대는
시국강연, 위생강연 등을
담당했습니다.

또한 학생기자대가 조직돼 여행일기, 고향통신,
수기 등을 〈동아일보〉에 발표했다.

〈동아일보〉는 농촌운동의 확산을 위해 소설을 적극 활용했다. 편집국장이던 이광수의 《흙》을 연재해 농촌운동에 대한 관심을 일으켰고

이어 장편소설 공모전을 기획해 심훈의 《상록수》를 당선작으로 뽑아 연재했다.

《흙》이 지식인의 시혜적, 계몽주의적 시각의 작품이라면,

《상록수》는 농민과 하나되어 살아가는 지식인의 모습을 보여줍니다.

종교단체와 언론이 주도한 농촌운동은 일제의 침략성이나 농촌의 최대 현안인 소작 문제에 눈을 감았고,

이 때문에 사회주의 진영의 격한 비판을 받았다.

부르주아 운동! 총독부의 협력자!

토지혁명

총독부는 이런 온건한 운동도 참아내지 못했다. 1935년 일체의 한글보급운동을 금지시킴으로써

뭐가 됐건 민족의식을 일깨우는 건 안 되지.

특히 한글은 사라져야 할 때가 됐거든.

조선과 동아의 문자보급운동은 중단되었고,

배우자! 가르치자! 아는 것이 힘! 배워야 산다! ·····

각계의 농촌운동은 관제화되거나 소멸되었다.

진흥 농촌운동

^^

국학운동

〈조선일보〉와 〈동아일보〉의
한글보급운동 교재 제작에 협조하고

강습회를 여는 등으로 이를 적극 후원한 단체가 있으니
조선어연구회-조선어학회다.

조선어연구회는
1921년 주시경의 직간접 가르침을 받아
한글을 연구해오던 후학들이 조직한
단체다.

조선어연구회

1876년생인 주시경은
한글 연구에 있어서
독보적인 인물.

일찍이 한문을 배우고

우리는 왜
우리의 말과 글이
있는데 한문을
배우고 쓰나?

신학문을 배우면서 우리 말글에 대한 관심을 키워나갔다.

열강들은 모두 자기 문자를 사용하고 있어. 우리도 우리 문자를 사용해야.

배재학당에서 공부하다가 서재필을 만났고,

국문 전용 신문인 〈독립신문〉 창간에 합류했다.

국문에 대한 관심과 연구 정도는 자네가 제일인 듯.

독립협회 해산 후엔 영어, 일본어, 중국어를 공부해가면서 국문 연구를 계속했다.

《대한국어문법》, 《국문초학》, 《국어문법》 등을 발간해 보급하는 한편 계몽운동에도 적극 참여했다.

강제 병합 이후엔 조선어강습원을 열어 후학을 양성했고 여러 학교를 돌며 가르쳤다.

큰 보따리에 책을 넣고 이 학교, 저 학교로 동분서주한다고 해서 주보따리라 불렸죠.

그러다가 1914년, 39세의 젊은 나이로 세상을 뜨고 말았다.

'한글'이란 이름도 선생님께서 지으셨죠.

그의 뜻을 이은 조선어연구회는 한글 연구에 매진했고 그 성과를 모아 동인지 〈한글〉을 발행했으며

1926년 11월 4일엔 가갸날을 선포했다.

이 날은 훈민정음 반포 480 주년이 되는 날.

1928년에 한글날로 개칭됩니다.

1931년 1월 조선어연구회는 조선어학회로 이름을 고쳤다.

조선어학회

朝鮮語學會

조선어연구회 시절부터 심혈을 기울여온 대표적인 사업이 맞춤법 통일이었는데,

우리글의 체계화를 위해 꼭 필요한 것이 조선어사전 편찬인데 이를 위해서도 맞춤법이 통일 돼야 하거든.

최현배, 이희승, 이극로 등을 망라한 조선어학회는 형태론적 관점을 견지했다.

우리들 외에도 이윤재, 권덕규, 장지영, 이병기 등 많은 동지들이.

한편 1931년에 박승빈 등이 결성한 조선어학연구회는 표음주의적 입장을 견지해 조선어학회와 대립했다.

조선어학연구회

이에 〈동아일보〉가 1932년 11월 공청회를 개최했는데 양측은 사안마다 치열하게 논쟁했다.

맞춤법 통일을 위한 공청회
주최: 동아일보

대표적인 쟁점 몇 가지.

1933년, 조선어학회는 조선어학연구회의 주장을 일부 감안하면서도 본래 연구해온 기본 입장 위에서 '한글 맞춤법 통일안'을 발표했다.

1. 한글 맞춤법 표준말은 그 소리 나는 대로 적되 어법에 맞도록 함으로써 원칙을 삼는다.
2. 표준말은 대체로 현재 중류사회에서 쓰는 서울말로 정한다.
3. 문장의 각 단어는 띄어 쓰되 토는 그 웃말에 붙여 쓴다.

〈동아일보〉와 〈조선일보〉는 이를 적극 지지해 대서특필하고 부록으로 제작해 배포했다.

조선어학연구회 계열이 더욱 격렬히 반대했지만

맞춤법통일안은 세종대왕님의 훈민정음 창제정신으로부터 명백히 이탈한 것!

1934년 7월 문필가 78명이 맞춤법 통일안을 찬성하는 지지 성명을 발표하면서 대세가 정해졌다.

이광수　김동인　채만식　양주동　정지용 등

한글 연구와 함께 국학운동의 한 축을 이뤘던 분야는 국사 연구다.

자신의 나라를 사랑하려거든 역사를 읽을 것이며 다른 사람에게 나라를 사랑하게 하려거든 역사를 읽게 할 것이다.

신채호

강제 병합 직후부터 우리 역사를 왜곡하고 식민 사관을 심기 위해 노력해온 총독부는

조선 역사를 부끄럽게 여기고 일본의 역사에 대해 경외심을 갖게 해야.

1925년 조선사편수회를 발족시키고 식민 사관의 결정판인 《조선사》 편찬 작업에 박차를 가해나갔다.

일본 어용학자들을 즉축으로 구성했고 이병도, 최남선, 신석호 등 조선인도 상당수 참여했죠.

《조선사》는 1938년, 37권으로 발간됩니다.

일제의 식민 사학 구축
노력에 맞선 초기
민족 사학의 대응은 주로
대종교 영향하에
이루어졌다.

해외로 망명한 김교헌, 박은식, 신채호 등의 활약이 두드러졌는데
총독부 측도 상당히 신경 써야 했다.

김현
《단군세기》
《신단민사》

박은식
《대동고대사론》
《배달족원류》

신채호
《독사신론》

특히 박은식의
《한국통사》
...
아주 심각해.

국내에선 황의돈, 안확, 권덕규 등의 연구가 유의미했다.

고구려를 강조했고
조선 건국을 혁명으로,
고려 인쇄술에
세계사적 의미를
부여했소.

신라의 통일에
적극적 의미 부여,
조선 당파에
대해서도
적극적 의미를.

삼한정통론 부정,
거란, 여진까지 포함한
대조선주의 표방,
당파에 대해
매우 비판적.

황의돈
《신편조선역사》

안확
《조선문명사》

권덕규
《조선유기략》

최남선은 1931년 《조선역사》를
출간했다.

고구려를 강조하면서도
삼국통일에 민족사적
의미를 부여했고,
우리 민족을
문화 창조면에서
천재적인 민족으로
평가했소.

그치만
민족적 약점을
장황하게
거론하면서
일제의 논리와
궤를 같이
하고 있죠.

신채호는 1931년 〈조선일보〉에 《조선사》와 《조선상고
문화사》를 연재해 이목을 끌었다.

실제 저술은
1918~1921년에
이루어진 것으로
추정됩니다.

홍명희의 아들로 사회주의자인 홍기문의
신채호에 대한 평가를 들어보자.

신채호의 사학은
관념론 사학,
하지만

신채호의 천품, 천재적인 안광, 풍부하고 궁극적인 창견을 높이 평가합니다.

실로 조선 사학의 선구자! 다만 맹신을 하거나 함부로 모멸해선 안 될 것입니다.

백남운은 1933년, 유물 사관에 입각해 《조선사회경제사》를 발간했다.

최남선, 신채호의 사학은 신비적, 감상적이고 총독부의 식민사학은 독점적, 정치적인데 둘 다 반동적이다.

1934년엔 일본인의 조선 연구에 자극받은 이병기, 이병도, 이은상, 이희승, 문일평, 백낙준, 최현배 등이 진단학회를 조직했다.

실증사학을 내걸었소.

진단학회

진단학회의 연구활동은 일제의 비위를 거스르지 않는 범위에 머물렀다는 평을 받습니다.

국문학에 있어서도 여러 변화가 있었다.

국문학에 있어선 KAPF의 해체가 단연 이 시기의 화젯거리.

1931년 6월 공산주의 협의회 사건으로 제1차 카프 검거 사건이 시작되었다. 박영희, 김기진, 임화, 이기영 등 70여 명이 종로경찰서에 잡혀 들어갔다.

이후 박영희, 김기진 등은 앞서 본 대로 전향서를 발표했다.

얻은 것은 이데올로기요, 잃은 것은 예술이다.

1934년 9월
제2차 검거 사건이 벌어지자

남은 이들은 해산을 결의하고, 직접 경찰에 해산계를 제출하면서 카프는 종말을 고했다.

집행유예로 석방된 백철은 〈동아일보〉에 '출감 소감-비애의 성사'를 기고했다.

박영희의 전향서에 버금갈만큼 유명한 전향서가 되었죠.

이후 문학은 저항성을 잃었고, 내로라하는 작가들은 앞다퉈 신문 연재소설에 뛰어들었다.

연재소설은 대개 대중소설로 흘렀고 특히 역사소설이 인기를 끌었다.

〈매일신보〉에 연재된 박종화의 《금삼의 피》.

〈조선일보〉에 연재된 김동인의 《운현궁의 봄》이 인기를 끌었죠.

그중에서도 홍명희의 《임거정》은 특별하다.
1928~1939년에 연재된 《임거정》은

중간에 구속도 되고 하다보니…

장안의 화제가 되었을 뿐 아니라 조선 민중에게 민족성을 일깨우는 역할을 했다는 평을 얻었다.

동료 작가들로부터도 엄청난 찬사를 받았답니다.

임거정 짱!

동아와 조선의 경쟁

〈동아일보〉는 출발과 함께 민족지란 명성을 얻었지만 자치론의 온상이기도 했다.

> 신문은 역시 동아지. 민족지잖아.

> 민족지는 무슨? 민족개량주의, 타협주의자들의 소굴인 거 몰라?

하지만 기사에 있어선 민족지다운 면모도 많이 보여주었고 정간도 여러 차례 겪어야 했다.

> 기사를 보고 말해. 이 정도 기사 쉽지 않거든.

1926년 2월 3일 이완용이 죽은 다음 날 〈동아일보〉 사설에서도 그런 모습이 확인된다.

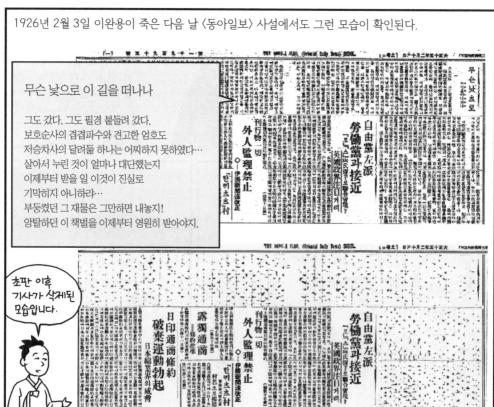

> 무슨 낯으로 이 길을 떠나나
>
> 그도 갔다. 그도 필경 붙들려 갔다.
> 보호순사의 겹겹파수와 견고한 엄호도
> 저승차사의 달려듦 하나는 어찌하지 못하였다…
> 살아서 누린 것이 얼마나 대단했는지
> 이제부터 받을 일 이것이 진실로
> 기막히지 아니하랴…
> 부둥켰던 그 재물은 그만하면 내놓지!
> 양탈하던 이 책벌을 이제부터 영원히 받아야지.

> 초판 이후 기사가 삭제된 모습입니다.

〈조선일보〉는 보다 선명한 기치를 내걸었다.

우리는 자치론, 타협주의를 배격하고 비타협적 민족주의를 견지한다.

신간회의 결성과 운영을 주도했으며

비타협적 민족주의를 대표하는 우리가 주도해 사회주의 세력을 끌어들였죠.

안재홍

신석우

〈동아일보〉와 대별되는 진보성, 비타협성으로 〈조선일보〉는 크게 성장했다.

세간에서 우리를 일러 양대 민족지라 하대.

그래? 근데...

그러나 〈조선일보〉가 〈동아일보〉를 도저히 따라잡을 수 없는 영역이 있었으니 자금력이다.

행색이 어째 그러냐?

〈동아일보〉의 주인인 김성수는 당시 조선에서 손꼽히는 갑부.

1931년엔 경영난에 빠진 보성전문학교도 인수했다.

〈동아일보〉 기자들은 월급도 타 신문사보다 두둑했다.

공무원보다는 물론 많고 공립학교 교사보다도 많고.

부럽다

음... 은행원 수준.

1926년 3월엔 광화문에 번듯한 사옥도 세웠다.

반면 〈조선일보〉는 창간 이래 1932년까지 여덟 차례나 사장이 바뀔 정도로 경영이 어려웠다.

그런데 1933년 3월 방응모가 〈조선일보〉를 인수하면서 상황이 달라진다.

일찍이 평안도 정주에서 〈동아일보〉 지국을 운영하며 본사로부터 설움을 많이 받았더랬다.

신문 대금도 제때 못 내면서 무슨 지국운영이야? 때려치워.

그런데 헐값에 인수했던 금광에서

금맥이 터졌다.

대애박!

광산을 매각해 거액을 챙긴 방응모는

135만 원에 팔았지.
참고로 동아일보 기자
월급이 60 원 정도였다네.

〈조선일보〉를 인수하더니 사장에 취임해
공격적 경영에 나선다.

동아!
니들 이제
죽었어.

사 장

먼저 〈동아일보〉의 핵심 인력인 이광수와 서춘을
스카우트했다.

잘들 오셨습니다.

이광수는 상하이에서 돌아와
변절자 소리를 들을 때 김성수에 의해
〈동아일보〉 편집국장에 발탁된 사람.

〈동아일보〉에서 부사장 겸 취체역, 편집국장, 학예부장,
경리부장을 도맡을 만큼 절대적 신임을 받았다.

동시에 논설,
사설에 소설,
'횡설수설'까지
도맡았지.

'설'자
붙은 것은
다 내가.

그런 그가 〈조선일보〉로 옮겨서도 부사장 겸
취체역, 편집국장, 학예부장, 경리부장을
맡는 한편

이래서 붙은
내 별명이
조선 신문계의
무솔리니였네.

부사장 겸 취체역 겸 편집국장 겸 학예부장

소설 《유정》을 연재하기 시작했다.

배은망덕한 자야.
심지어 회사를 옮긴다는
사실도 바로 전날에야
우리에게 알렸지.

김성수   송진우

흥미로운 것은 이광수나
주필인 서춘 모두
방응모와 같은 평안도 정주
출신이라는 것.

고향 사람끼리
돕고 살아야지.

정주

평양

사람들은 이렇게 수군거렸다.

조선일보는
평안도 신문.

동아일보는
전라도 신문.

이어 〈조선일보〉는 〈동아일보〉 가까이에 〈동아일보〉보다 더 크게
새 사옥을 건축했다.

이날의 사설 중에
이런 내용도 ㅋ

동아일보는
3층이고
조선일보는
4층이다

이후 양 신문은 모든 부문에서
치열한 경쟁을 이어갔다.

방응모와 이광수는 직접 일본으로 가서
광고주들을 접촉했다.

이것들 봐라.

〈동아일보〉는 수십 명의 광고주들을 초청해 기생관광을 시켜주는 것으로 응수했다.

〈조선일보〉도 바로 따라 했다.

〈조선일보〉는 비행기를 마련해 취재에 사용하는가 하면

평양, 대구, 신의주까지 비행기를 이용해 석간신문을 수송하기도 했다.

그러나 이런 경쟁에서 보이는 양적 성장과는 별개로 민족지로서의 성격은 날로 퇴색해갔다.

중일전쟁 이후엔 사실상 친일지로 변모했음을 보여준다.

쌍성보 서문(승은문)

지청천이 지휘하는
한국독립군은 ○○○군과
손을 잡○ ○○보에서
대○ ○○○두었다.
○○독립군은 이 전투에서
○수의 만주군을 생포하고
식량과 무기 등 많은 전리품을
획득했다.

북만주(쌍성보)

북간도(왕청)

남만주(신빈)

양세봉 흉상

국민부 산하 조선혁명군의 총사령관
양세봉은 중국 의용군과 함께
영릉가전투를 승리로 이끌었다.
이후로도 여러 전투에서 일본군을
괴롭혔지만 밀정의 계략에 빠져
최후를 맞았다.

우리는	**1931**	조선어학회	**1932**	이봉창·윤봉길 의거
세계는		만주사변		독일 나치, 제1당이 됨

제4장

만주의 무장항쟁

1931년 관동군의 만주침공과 만주국 수립으로
일대의 독립운동 진영은 위기에 처하지만 투쟁을 멈추지 않는다.
북만주에서는 지청천이 이끄는 한국독립군이,
남만주에서는 양세봉이 이끄는 조선혁명군이 일본군과 만주군에 맞서 싸우고,
조선인 공산주의자들도 중국인 공산주의자들과 손잡고
항일유격대를 조직해 무장투쟁에 나선다.

왕청유격대 사령부

1931년 만주사변이 발발하자 공산주의자들은 무장투쟁에 나섰다.
만주 각지의 수많은 조선인들은 중국인들과 함께 항일유격대를
조직했다. 이후 항일유격대들은 동북인민혁명군으로 재편됐다.

한국독립군의 투쟁

일제의 만주침공과 만주국 수립은
만주의 독립지사들에게 일대 위기였지만

일제의 통치를 피해
근거지를 찾아 이리로
망명한 것인데

이젠 조선땅이랑
별반 차이가
없어졌네.

새로운 투쟁의 활력도 안겨주었다.

이대로 우리
중국민족이
일본놈들에게
무릎꿇고
살 것인가?

아니오!

우릴 홀대하던
중국인들도 이제
반일의 길로...

협의회 계열의 혁신의회 쪽은 1930년 7월 북만주에서 한국독립당을 조직한다.

한국독립당

중앙위원장
홍진

총무위원장
신숙

군사위원장
지청천

표면 기관으론 한국자치연합회를
조직했는데 만주침공을 만났다.

한국자치연합회

한국독립당은 즉각 중앙위원회를 소집했다.

중앙위의 결정은 단호했고

총동원령을 내려 군사행동을 전개할 것.

당내 모든 공작을 군사 방면에 집중할 것.

항일 한중합작군을 모색할 것.

이로부터 한국독립군이 조직되었다.
병력은 150명가량.

한국독립군

북만주 일대에는 한인 밀집지역이 별로 없어 기반이 작았다오.

총사령
지청천

참모장
신숙

지청천은 중국 항일군 사령부로 가서 3개 항에 합의한다.

이 싸움은 장기항전, 중동철도(동청철도) 서부는 중국군이 동부는 한국군이

후방 교련은 한국군 장교가 한국군 물자 공급은 중국군이.

한국독립군은 적극적인
모병에 나서는데,

자, 이제 외로이 싸우던 때는 끝났다. 중국인과 손잡고 제대로 왜놈들과 싸워보지 않겠는가?

조경한 등은 270명을 모집해

독립군독행

길림자위군(사복성부대)에 합류하고 한국독립군
유격독립여단으로 명명한다.

우리 길림자위군은 2천 명 규모라오. 조선 측의 합류를 환영하오. 무기는 우리가 공급하겠소.

吉林自衛軍

길림자위군은 서란현성, 액목현성을 공격해
점령하기도 했지만

일만연합군 대부대의 공격에 패퇴한다.

총사령관 지청천이 이끄는 본대는 유격독립여단과
합류해 길림자위군 고봉림부대와 함께 쌍성보를
공격, 대승을 거두고(1932년 9월)

1933년 1월엔 요진산, 시세영 부대와
연합해 경박호전투, 사도하자전투,
동경성전투 등을 치르며 전과를 거두었다.

1933년 6월 지청천, 조경한이 이끄는 500여 한국독립군과 2,000여 시세영부대는
대전자에 주둔 중이던 일본군이 철군한다는 정보를 접한다.

조선에서 온 19사단
군대로 1,600명
규모랍니다.

이 일대의 치안을
관동군과 만주군에
넘기고 조선으로
돌아간다는 겁니다.

군수물자가
어마어마하지
않겠습니까?

적들의 철수 경로를 파악한 한중연합군은 협곡 양쪽에 참호를 파고 매복했다.

폭우로 일본군의 출발이 이틀이나 늦어져서 3일이나 참호에 매복해야 했다네.

6월 30일 아침, 이윽고 적이 나타났다.

온다!

사격 준비.

사겨억—

타타타타타타

탕 타타탕

4~5시간의 격전 끝에

마침내 적이 패주했다.

대전자령전투다.

획득한 전리품은 실로 대단했다.

장갑차 2량 , 박격포와 각종포 8문, 기관총 110정 , 수류탄 100 상자(5,000개), 권총 200정 , 각종 비밀서류와 지도, 피복, 담요, 1개 대대 1년치 식량, 약품 50 상자, 현금 3만 엔, 망원경 25개

이후 대전자에 40일간 주둔했는데 한중연합군 사이에 전리품 배분 문제로 갈등이 커졌다.

이때 새로이 오의성이 이끄는 길림구국군이 대전자로 들어와 합류했다.

오의성 휘하엔 주보중 등 공산주의자들이 지휘관으로 다수 있었다.

동시에 이들이 이끄는 중공 계열의 왕청유격대, 혼춘유격대 등이 함께했다. 이들은 대부분 조선인이었다.

1933년 9월 6일 밤, 한중연합군이자 좌우연합군이기도 한 길림구국군, 한국독립군, 항일유격대 연합부대는 동녕현성 공격에 나섰다.

새벽까지 이어진 전투로 연합부대는 성안을 거의 점령하기에 이르렀으나

장갑차까지 동원한 일본군의 반격에 후퇴해야 했다.

동녕현성전투다.

그런데 이 전투 이후 오의성은 지청천이 이끄는 한국독립군을 불신하게 되었다.

구금과 무장해제 시도까지 이어졌다.

곤혹스러운 입장의 지청천에게 외부로부터 내민 손길이 있었다.

임시정부 김구 국무령의 지시를 받고 왔습니다.

김구 동지가?

이때 중국 관내에선 김구가 장제스를 만나 중국 중앙육군군관학교 낙양분교에 한인특별반을 꾸리기로 했다.

김구는 만주의 청년들을 데려와 교육시키고 싶어 했다.

교육을 책임지고 맡아할 이로는 지청천 선생이 딱인데…

이에 한국독립당 당수 홍진, 한국독립군 총사령 지청천, 조경한 등 주요 간부는 40여 명의 청년 대원들과 함께 중국 관내로 들어간다(1933년 10월).

남은 한국독립군 대원들은 흩어지거나

상당수는 공산 계열 유격대로 들어간다.

민족주의나 공산주의 보다 항일 투쟁이 우선이니까.

이로써 민족주의자들에 의한 북만주에서의 무장투쟁은 막을 내립니다.

조선혁명군의 투쟁

남만 지역을 무대로 한 국민부는 좌우합작적 성격을 띠고 출범했다.

장래 투쟁방향을 담은 10대 구호 중 3개 항이 사회주의 세력의 요구를 담고 있었지. '소비에트 건설' 같은.

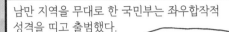

그러나 좌우파 사이의 분열은 이미 상당한 상태였다. 민족주의 계열의 지휘부는 청년들 사이에 이는 사회주의 바람에 긴장했다.

사회주의자들은 아예 노골적으로 국민부 해체를 주장하고 나섰다.

국민부는 지주들과 한편으로 사실상 반동 기구이니 해체해 버리고,

수탈당하는 소작농, 빈농과 함께하는 새 조직을 세워 반지주투쟁, 항일투쟁을 벌여야!

결국 출범한 지 1년도 안 된 1930년 8월, 회의에서 내분이 일었고,

민족주의 계열이 주도하는 지휘부는 현정경 등의 사회주의 계열 인사들을 축출하기에 이른다.

이 동네에 얼씬거릴 생각도 하지 마. 눈에 띄면 가만 안 돼.

이어 조선혁명군을 동원해 사회주의자들을 암살했다.

사회주의자들도 보복 암살에 나섰음은 물론이다.

조직 내 사회주의자들을 몰아낸 국민부는 본격적으로 공산당 타도에 나서

장쉐량 휘하의 펑톈성 당국과 공산당 척결에 대해 협의하기도 했다.

공동 토벌? 좋지. 공산당 척결은 장제스 총통의 뜻이니까.

국민부는 또한 펑톈성 당국으로부터 한인에 대한 조세징수권을 인정받아 상당한 수준의 자치를 행할 수 있었다.

이렇게 거둔 세금으로 학교도 세우고 공장도 세우고 무기도 사고 했소이다.

국민부가 초기에 행한 주요 활동으론 선민부 공격이 있다.

선민부(鮮民府)가 뭔고 하니, 남만주의 친일 조선인들의 상조계에 기반한 무장조직으로 참의부 간부인 김소하 등도 일본영사관에 투항한 뒤 합세했죠.

중, 일 관헌에 밀착해 독립군 토벌에 앞장선 대표적 주구단체라는.

선민부토벌지휘부를 설치해

총사령
이웅

부사령
양세봉

선민부 본부를 공격하는 등 선민부 토벌에 적극 나섰고

타 타타타타타

그 결과 선민부는 탈퇴자가 급증하면서 세력이 크게 약화됐다.

선민부

일제의 만주침공은 국민부에도 선택을 요구했다.

국민부

어떻게 할 것인가?

논의는 최동오 등이 주장한 관내 이주가 아니라

왜적들이 만주를 강점한 상황에서 직접 상대해 싸우기는 어렵다고 보오.

그렇소이다. 나라가 망한 뒤 이곳으로 망명해왔듯이 이제는 중국 관내로 들어가 싸우는 게 상책인 듯하오.

양세봉 등이 주장한 만주 견지론으로 결론이 났다.

이곳은 동포들이 많습니다. 동포들을 기반으로 싸워야지 동포가 없는 관내로 들어가 싸우는 건 옳지 않습니다.

이에 따른 전열 정비를 위해 1932년 1월 국민부, 조선혁명당, 조선혁명군 주요 간부회의가 열렸다. 그런데 밀고를 받은 영사관 경찰이 급습해

조선혁명당 중앙집행위원장 이호원, 조선혁명군 사령관 김관웅 등 다수의 주요 간부를 체포해 갔다(신빈 사건).

이에 국민부, 당, 군은 새로이 조직을 정비했다.

조선혁명당
중앙집행위원장
고이허

국민부
중앙집행위원장
김동산

조선혁명군
총사령
양세봉

조선혁명군의 활동이 중요해진 시기,

지금은 싸워야 할 때!

양세봉은 조선혁명군을 5개 사로 편제하고 요녕민중자위군에 합류한다.

요녕민중자위군은 만주에서 가장 규모가 큰 중국인 항일부대.

遼寧民衆自...

양군은 신빈현 영릉가를 공격해 승리하고 신개령전투에선 200명의 적을 살상하였다.

하지만 폭격기까지 동원한 적들의 대규모 토벌 작전에 대오는 점차 줄어들었다.

결국 요녕민중자위군이 궤멸 상태에 빠지면서 다시 조선혁명군으로 돌아왔다.

조선혁명군은 국내에서의 군자금 모금 활동이나 일제 기관 파괴 활동도 수십 차례 벌였다.

조선혁명군 제3총대장 변낙규는 대원들을 이끌고 평안도에 잠입해 군자금을 모아 돌아가기를 수차례 행하다가

누… 누구요?

우리는 만주에서 싸우고 있는 조선혁명군 단원들이오.

조국의 독립을 위해 군자금을 부탁드리러 왔소이다.

체포되어 10년 형을 선고받았다.

이천 출신의 이선룡은 1932년 3월 국내로 들어와

장호원 소재 동일은행 지점을 습격하고 1만 3,000원을 탈취하는 데 성공했다.

그를 잡기 위해 연인원 6,000명의 경찰이 투입되었다.

이선룡이 체포되자 〈동아일보〉는 사건의 전말, 검거 과정 등을 대서특필했다.

엿새 동안 일경들과 총격전까지 벌여가며 충청, 강원, 경기 3도를 휘젓고 다녔다니 대단도 해라.

만주에서 왔구만. 만주국이 들어섰어도 만주의 독립군들은 여전히 싸우고 있네 그려.

이 일로 이선룡은 15년 형을 선고받았습니다.

끈질긴 토벌에도 굴하지 않고 조선혁명군은 대소 전투를 통해 건재함을 입증해갔다.

총사령 양세봉은 일제에겐 눈엣가시.

밀정 박창해는 평소 혁명군을 지원하던 중국인을 매수하는 데 성공한다.

양사령을 약속한 곳으로 불러만 오면 되오.

걱정마슈.

그가 양세봉을 찾아 제안한다.

오오!

중국 항일부대가 장군님과 만나 연합을 도모하고 싶답니다.

부하 셋을 데리고 따라나섰는데

1934년 8월의 일이다.

평북 철산에서 빈농의 자식으로 태어났고 스물두 살 되던 해인 1917년, 가족들을 데리고 압록강을 건넜다.

중국인 지주의 땅을 부쳐 소작을 살았다.

3·1에 참여하며 민족의식에 눈뜨고

천마산대에 가입해 본격 항일의 길에 뛰어들었다.

이후 광복군총영, 통의부를 거쳤고,

참의부 소대장 시절엔 압록강변에서 벌인 사이토 총독 기습 사건을 지휘했다.

타 타 타 타타

정의부 중대장, 국민부 중대장을 거쳐 조선혁명군 부사령에 오르고 신빈 사건 이후 조선혁명군 총사령이 되었다.

그렇게 바닥부터 시작해 숱한 전투를 치르며 마침내 조선혁명군의 수장이 되었고, 일관된 무장투쟁 노선을 견지하며 빛나는 대일 항전을 펼쳤던 양세봉이다.

양세봉이 죽은 뒤 조선혁명군의 위세는
많이 꺾였다.

일제의 탄압도
날로 극심해지고

중공 계열 유격대들이
세력을 확장해가는
추세인지라···

그러나 조선혁명군은 투쟁을 멈추지 않았다.
국민부와 조선혁명군을 통합해
조선혁명군정부로 단일화하고

조선혁명군정부

중국 항일군은 물론 사회주의 계열인
동북항일연군과의 연대투쟁에도 나섰다.

반공보다는
항일이
우선인지라
···

일제의 토벌은 집요하고 잔혹했다. 대규모의 토벌,
민중과의 연계를 끊기 위한 초토화정책을 폈고

회유 귀순공작을 병행했다.

추위와 배고픔에 떨며
산속에서 지내다가
총 맞고 죽을 것인가?
귀순하여 안락한
새 삶을 살 것인가?

간부들의 투항이 이어지자

남아 있던 60여 명의 부대원은
동북항일연군에 합류했다
(1938년 3월).

양세봉 이후 총사령으로 활동한 김활석은 20여 명의 잔여 부대원을 이끌다가

체포된 뒤 결국 투항을 택했다.

그래, 잘 생각했어.

한때 조선혁명당 당수였고 조선혁명군 이론가인 고이허는

1936년 12월 호위대원 6명과 함께 전투를 벌이다 체포되었다.

모진 고문에도 혀를 깨물어가며 버텼던 그는

이듬해 총살에 처해졌다.

탕

민족주의 계열의 독립군 부대로 가장 오래, 가장 완강하게 싸워온 조선혁명군은 그렇게 자기 소명을 다했다.

항일유격대의 투쟁

만주에서의 사회주의, 공산주의 운동은
조선인들에 의해 주도되었다.

조선인이 있는
곳 마다에
당 세포가
조직되고

공청, 청년단,
농민협회, 부녀회,
아동단 등이
조직되었죠.

청년단
부녀회
아동단

중국공산당은 뒤늦게야
만주에 눈을 돌려
1927년 10월 만주성
임시위원회를 조직했다.

이어 중국동변도특별위원회(동만특위)를 세우고
1928년 2월에야 룽징(용정)에 첫 지부를 냈다.

중국공산당 중앙위원회

만주성 임시위원회

동변도 특별위원회

용정지부

때문에 중국공산당은 조선공산당과의
연계를 중시했다.

빨리 세력을
구축하려면
조선 동지들의
도움이 절실한데
...

하지만 1928년 12월
조선공산당이
승인 취소되고
일국일당주의 원칙이
세워지면서
상황이 바뀐다.

이제 조선공산당
당원들을 흡수하면
우리 당이 급속히
성장할 거요.

단, 조선공산당의
파쟁은 유명한 바,
당이나 조직적 참여는
불허해야 하오.

곤란한 상황에 처한 조선인 공산주의자들에게

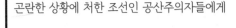

입당은 오직 개인으로만, 그것도 투쟁력을 보고 판단할 것이다.

좌경모험주의에 경도돼 있던 만주성위원회는 폭동 형태의 봉기투쟁을 주문했다.

봉기투쟁을 통해 당신들의 투쟁성, 혁명성을 입증하시오. 입당은 그 다음에.

이에 조선 공산주의자들은 숱한 희생을 치러가며 5·30폭동, 8·1폭동 같은 과격한 봉기투쟁을 이끌었고,

지주 타도!
타도!
노농 소비에트
일제 타도!

11개월에 걸친 봉기투쟁 과정에서 2천 명이 체포되고 4백 명이 재판에 넘겨졌으며, 12명이 옥사하고 20명이 사형에 처해졌습니다.

중국공산당에 입당할 수 있었다.

나는 당의 강령과 규약을 준수하고 …

중국공산당 만주성위원회나 동만특위는 비로소 모양을 갖출 수 있었다.

일제의 만주침공 직전 연길, 화룡, 왕청, 훈춘 4개 현위원회로 구성된 동만특위 당원은 587명.

이 중에서 조선인이 515명.

만주 전체 중국공산당에서도 조선인이 85%.

만주침공이 벌어지면서 중국공산당은 기존의 좌경모험주의 노선을 버리고 항일통일전선전략을 채택했다.

항일에 뜻을 함께하는 모든 민족, 세력과 손잡고 싸운다.

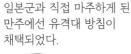

일본군과 직접 마주하게 된 만주에선 유격대 방침이 채택되었다.

무장투쟁이 기본노선인만큼

적들의 점령 상태 아래에서 정규전을 벌일 순 없는 노릇. 유격대에 의한 유격전으로 가야.

이에 따라 유격구(유격근거지)의 건설이 중시되었다.

마을 속에 들어가 고락을 함께하며 토지개혁 등을 통해 인민의 굳건한 신뢰를 얻어야 유격근거지를 건설할 수 있소.

유격대와 인민의 관계는 물고기와 물의 관계라 할 것이오. 물을 떠난 물고기가 살 수 없는 것처럼.

인민의 신뢰를 얻지 못한 유격대는 존립할 수 없는 법이오.

조선인 공산주의 세력이 강했던 동만 곳곳에서 유격대와 유격구가 연이어 만들어졌다. 1932년 6월엔 연길유격대가,

대대장 박동근
정위 박길

대원 수 130명.

7월엔 화룡유격대가,

대대장 장승한
정위 차룡덕

대원 80명.

11월에 왕청유격대가,

대대장 양성룡
정위 김일성

대원 90명.

1933년 1월엔 혼춘유격대가 각각 출범했다.

총대장 공헌심
정위 박태익

대원 100명.

이들 4개 현 유격대는 중국노농홍군 제32군 동만유격대로 편제되었다가 1934년 3월엔 동북인민혁명군 제2군 독립사로 발전한다.

동북인민혁명군 제2군 독립사

사장 주진

대다수가 조선인.

남만에선 1932년 6월 이홍광의 주도로 반석유격대가 조직되어 이후 동북인민혁명군 제1군 독립사로 개편되었다.

동북인민혁명군 제1군 독립사

사장 양정우
참모장 이홍광

대원 250여 명 중 조선인이 ⅓

북만에서도 허형식, 조상지 등에 의해 유격대가 조직되어 동북인민혁명군 제3군 제1독립사로 개편되었다.

동북인민혁명군 제3군 제1독립사

한인들은 초기의 결성 과정엔 주도적 역할을 했으나 비중은 크지 않았습니다.

한인들이 많이 사는 지역이 아닌 고로.

얼떨결에 만주를 잃고 황당했던 중국 군민들은 정신을 차리고 곳곳에서 항일의 기치를 들기 시작했다.

장쉐량 휘하의 구 동북군 상당수가 의용군, 자위군, 구국군의 이름으로 봉기했고

自衛軍

義勇軍

마적단 상당수도 반일투쟁에 합세했다.

한때 이들은 40만에 이르는 규모를 자랑했고 일만연합군과 곳곳에서 전투를 치렀다.

항일통일전선을 제창한 중국공산당은 적극적으로 이들 부대에 들어갔다.

어서 오시오.

직전까지 반공투쟁에 앞장섰던 구 동북군도 이들을 기꺼이 받아들였다.

나는 국민당이든 공산당이든 상관없고 일본과 싸우는 이를 좋아해.

주보중 등 중국공산당 간부들은 이들 부대에서 참모 등으로 활약하며 상당한 세력을 구축했다.

대원들 상당수가 공산주의자로 바뀌었죠.

조선 공산주의자들도 민족주의 계열인 조선혁명군과의 연대에 관심을 기울였다.

우리는 자기 총도 제대로 갖추지 못한 아마추어 부대인데

저들은 오랫 동안 총들고 싸워온 프로들.

조선혁명군

그러나 양세봉 등 조선혁명군 지도부는 마음을 열지 않았다.

언제는 우리를 반동이라더니, 공산당은 못 믿어.

하지만 첨단 무기를 앞세운 일본군과 만주군의 집요한 공격에 구국군, 의용군 등은 흩어지기 시작하고

급기야 동만주 항일투쟁의 주력이던 왕덕림부대가
소련으로 피해버린다(1933년 1월).

이에 구 동북군 계열의 잔여 대원
상당수가 공산당이 이끄는 부대로
넘어온다.

조선혁명군, 한국독립군도 이때를
즈음해 확연히 세력이 위축된다.

반면 공산주의계 항일유격대의 대열은
더욱 강화되었다.

일본군은 초기 어설픈 모습이었을 때부터
항일유격대를 경계했다.

동만은 전 만주
공산주의 운동의 소굴이고
그 중심은 조선인!

만주에 대한 정책 수행의
암덩어리, 초장에 싹을
밟아버리지 않으면
조선 땅에까지
나쁜 영향을 끼칠 거야.

조선 제19사단에서 파견한 간도임시파견대와
관동군, 간도총영사 소속 경찰, 만주국 군경까지
동원한 대토벌전이 이어졌다.

군사적 토벌 작전에 더해 이들이 취한 토벌 방식은
이른바 삼광(三光)정책.

유격대와 유격근거지의 고리를 끊는
토벌 방식이다.

이에 유격대는
평원에서 산악 지대로,

유격구 주민들도 산간벽지로 옮겨 다녀야 했다.

여기에 더해 친일 세력들을 모아 조직한 보위단,
자위단 등의 민간 무장 부대와 밀정들이 우글거렸다.

살얼음판 같은 나날이었다.

민생단

만주침공 직전 만주 내 한인들은 크게 네 부류였다. 조선인민회 계열,

친일, 반중 반공이 우리의 가치!

자치촉진회 계열,

친중, 반일, 반공! 중국 당국과 협상해 자치를.

민족주의 계열,

연중, 반일, 반공! 반공적인 중국 정부와 손잡고 반일, 반공을!

(중국)공산당 계열.

반일, 반국민당!

만주침공으로 조선인 항일투쟁 진영에선 동맹군이 등장한 셈이 되었지만,

그 동안은 중국 당국으로부터도 핍박받기 일쑤였는데

이제는 항일 중국군에게서 군사 원조도 받아가며 함께 싸울 수 있게 되었군요.

상당수 중국인들은 조선인에 더욱 좋지 않은 감정을 갖게 되었다.

아무래도 일본의 앞잡이인 듯.

이미 국적이 일본이잖아.

이런 변화된 환경을 맞아 기존과는 다른
새로운 행보를 보이는 이들이 나타났다.

1931년 9월 26일, 그러니까 만주침공이 시작되고
고작 8일이 지났을 때 룽징에 일군의 무리가 도착하는데
박석윤, 김동한, 조병상 등이 그들이다.

최남선의 매제인 박석윤은
알아주던 당대의 수재.

어느 정도였는고 하니,
일본에서 명문
중고등학교를 나왔고

동경대 법문학부
정치학과를 나왔어.
뿐만 아니라
총독부 재외연구원 신분으로
케임브리지 대학교에서
국제법, 국제정치학을
공부한 초 엘리트지. 훗.

1930년 2월 조선인으로선
처음으로 〈매일신보〉 부사장에
올랐고,

부사장 박석윤

총독부 고위 관료, 일본 정계 등에 두루 인맥을 가졌다.
룽징에 도착한 그는 각계의 인물들을 만나 이렇게 큰소리쳤다.

일본군의 동북출병은
조선인의 권익 확보를
기할 절호의 기회요.

총독부와도 충분히
의논하고 왔는 바,
내게 좋은 생각이
있소이다.

룽징의 일본총영사와도 만났다.

아곳 간도에서 조선 민족의
대동단결을 실현하고
자유 천지를 건설코자 합니다.
핫핫핫.

음…

무슨 뜻인지 알겠는데
조선민족의 자유천지가
자칫 민족독립으로
오인될 시엔
총독부의 압제가
따를 것이고,

간도독립으로
오인될 경우엔
중국당국의 압제가
있을 것이오.

그런 즉 실질적인
생산 작업을
표방하는 게 좋겠소.

그럴 수도 있겠군요.
그렇다면 조선인의
자각을 촉진하고
서로 단결하며,

산업인으로서
생존권 확보를 내걸고
단체를 조직해볼까
합니다.

조선인민회 회장들을 비롯한 조선인 유지들은
적극 찬동해 나섰다.

그렇게만
된다면야!

아무래도 총독부의 수락을
받고 온 모양인 듯 보여…

그런 거
같지?

박석윤, 조병상, 이경재, 최윤주 등을
발기인으로 총영사에게 설립 허가
신청서를 냈다.

단체 설립 신청서

위치 : 간도 용정시
명칭 : 민생단
목적 : 간도 주민의
생활 산업화
1. 취지 : ……
2. 강령 : ……

흠…
민족독립으로
오인될 내용은
없군요.

하지만 허가를 얻으려면
규약을 마련하고
단체의 유지를 위한
서류가 필요하오.

응? 뭐지?
이 뜨뜻미지근한
반응은?

뭔가 특단의
조치가…

박석윤은 다시 서울로 가서 총독부와 접촉하고

국장님 계시지?

최남선, 윤치호, 송진우, 박영효 등의 지지를 얻었으며

대찬성일세. 적극 돕겠네.

일본 정계 요로 인사들의 지지도 이끌어냈다.

간도 4현은 조선인의 특수 조직으로 한다? 콜!

그리하여 마침내 1932년 2월 15일 룽징 공회당에서 창립대회를 가졌다. 단장은 선출하지 않았다.

民生団創立 祝

박석윤은 부단장으로 뽑힌 한영우와 함께 서울로 가서 박두영을 만났다.

… 하는 단체입니다. 형님께서 단장을 맡아주시죠.

박두영, 일본육사 출신으로 1931년 포병 대좌로 예편한 인물.

러일 전쟁에도 참전했다네.

뭐… 그러세.

박두영을 단장으로 세운 민생단은
간도한인자치 청원운동을 준비하는데

간도를 조선총독부의 관할권으로 삼도록 청원하는 겁니다.

자유낙토!

자유천지!

제19사단 간도파견대가 들어오자

환영운동에 우선 집중한다.

동포여! 이곳 간도에 우리의 평화를 파괴하려는 형형색색의 비적 무리가 횡행하며 치안을 무너뜨리고 있다. 이제 황군이 들어와 이들을 소탕하고 여러분에게 평화와 안녕을 안겨줄 것인 즉 환영하고 협조합시다.

제국군간도파견대

자위단을 조직키로 하고 자위단을 이끌
지도자 양성기관도 마련했다.

자위단양성소

그런데…

우리가 고작 간도를 먹으려고 만주를 점령한 건 아니지 않은가. 다 먹어야지.

그런데 간도자치를 떠드는 저 친구들을 그대로 두면 중국인들의 반감이 만만치 않을 거야.

신생 만주국은 어쨌거나 겉으론 중국인들이 이끄는 나라인데 …

만주국 건설의 대방침에 의거해 만선 대립적인 것이 아닌 만선융화적인 방향으로 가야 한다는 것이 우리의 입장이야.

그 말씀은? …

해산하란 얘기지.

그렇게 민생단은 창립 5개월 만에 일다운 일을 해보지도 못한 채 사무소를 폐쇄하고

해체 선언을 해야 했다.

비통선언! 흘쩍~

그런데 기묘한 일이 뒤이었다.

슈우…

옌지현(연길현) 유격구 내 공산당 구당위원회 비서로 송노톨이란 이가 있었다.

송노톨, 송영감이란 뜻.

수염을 길러서 그렇게 불리지만 30대 초반.

1932년 8월 그는 노두구 헌병분견대에 체포되었다가

일주일 뒤 유격구로 돌아왔다.

헌병대에 붙잡혔다고 들었는데…

어떻게 나왔소?

탈출했소.

두 달 뒤 유격대 분대장 최현은 정찰 나온 일본 헌병을 발견해 사살하고,

통역으로 따라나선 한인을 체포했다.

우리가 여기에 있는 걸 어떻게 알았나? 바른대로 불지 않으면 바로 탕~이야. 알간?

저… 송노톨을 불러주십시오.

송노톨을 어떻게 아느냐고 다그치자 대답이 충격적이다.

송노톨은 헌병대에서 매수돼 유격대 내에 민생단을 조작하고 유격대를 안으로부터 파괴하기로 한 사람입니다.

민생단?

송노톨이 체포돼 고문을 동반한 가혹한 조사를 받았다.

네 놈이 조작한 민생단원이 누구 누구인지 사실대로 대라!

떡 떡 떡

그는 조선인 간부와 열성자 20여 명을 진술했다.

거명된 이들은 남김없이 체포, 구금되었다.

김판식! 나와! 당의 이름으로 체포한다.

연일 계속되는 적들의 가혹한 토벌과

내부에 침투한 밀정들로 인해 극도의 긴장 상태였던 공산당과 유격대는 민생단 문제를 심각하게 받아들였다.

당조직과 균중 조직 내의 민생단에 대한 숙청작업을 철저히 시행한다.

내부의 적 한 명이 외부의 적 백 명보다 무서운 법!

송노톨이 공술하여 체포된 이들에게도 혹독한 조사가 가해졌고,

네가 아는 민생단원이 누구냐 말야?

이른바 민생단원의 수는 점점 늘어났다.

아무개, 아무개, 아무개, 아무개랑 같이 했습니다.

여러 정황상 헌병대에 투항, 매수된 것이 사실로 보이는 송노톨은 물론,

민생단원이란 죄명으로 여럿이 처형되었다.

탕 탕 탕

이미 죽은 민생단이 유령이 되어 항일유격구에 공포와 죽음의 그림자를 드리우기 시작한 것이다.

반민생단 투쟁

1932년 겨울, 몇몇 당원이 일본 경찰을 찾아가 투항하고

돌아와 가족을 데려가려다 체포된다.

민생단 숙청에 대한 당의 입장은 더욱 견고해진다.

이는 틀림없이 우리 내부에 숨어있는 민생단원들이 공작한 결과일 터,

민생단 반대 투쟁을 당의 중심 업무로 삼고 강력히 전개한다.

동만특위 조직부장으로 허룽현(화룡현)위원회 민생단 숙청 업무를 맡아 파견 나온 김성도는

농민협회 책임자를 체포하고 자세한 심사도 없이 군중대회에서 총살해버렸다.

탕

이후 두어 달 동안 그는 민생단 혐의를 씌워 2,30 명을 처형했죠.

민생단원이 되는 과정은
단순했다. 조금이라도
의심 가는 행동을 보이면

이 봐,
거기서
뭐해?

네?

체포하여 고문했고, 고문에
못 이겨 민생단원임을 인정하면
동료를 대라고 또 고문한다.

그동안
같이 작당한
자들을 대란
말이야.

그렇게 거명된 이들도 똑같은
과정을 치른다.

이미 네놈이
민생단인 건
밝혀졌어.

그동안 누구랑
어떤 반혁명
공작을 벌였는지
말 해.

떡

끄아아 ~~

반민생단 투쟁은
동만의 모든 유격구로 번져갔다.

이는 중국공산당
만주성위원회의
왜곡된 인식에서
비롯됐다.

민생단은 일제의
주구 단체로
간도 독립을 추구했소.

여기에 파쟁에 찌든
조선 공산주의자들이
결합한 거요.

조선 공산주의자들은
당과 혁명의 이익보다
파벌의 이익이 더
중한 자들이오.

유격대 내에
민생단과 결합된
파쟁분자들을
뿌리뽑아야 하오.

조선 공산주의자들의 파쟁이 유별나긴 했지만,
그동안 만주, 특히 동만에서 공산주의 운동의 성장과
발전은 오로지 조선 공산주의자들에 의한 것이다.

높이 들어라!
붉은 깃발을 ~

화요

서상

ML

이제 그 역사가 송두리째 부정당하게
된 것이다.

파쟁주의자!
민생단 간첩!

투옥, 고문, 총살 등
숱한 고난을 겪으며
여기까지 온
우린데 …

만주성위원회는 반경우와 양파를
반민생단 투쟁 지도를 겸한
순시원으로 동만에 파견했다.

1933년 6월 왕청유격대를 찾은 양파와 반경우는 현위원회
서기인 이용국과 군사부장 김명균을 직무 정지시켰다.

당신들은
조선 민족주의자의
관점과 파쟁주의,
이립삼 노선의 문제를
안고 있으므로!

앞으로
영도의 중심은
중국인 간부가
되어야 하오.

김명균은 함북 회령 출신으로
연길사범학교를 나오고 조선공산당
엠엘파 성원이었던 인물.

8·1 폭동을
지휘했고
유격대 창립에
앞장섰으며,

유격대를 이끌고
30 여 차례나
적들을 습격했던
나를… 뭐?

이립삼 노선의 문제를 안고 있다?
8·1 폭동은 이립삼 노선에 빠진
당 지도부가 지시해 벌인 일인 걸
모르고 하는 소리야?

그리고 뭐? 민족주의자?
기가 막히는군.
틀림없이 나를 민생단으로
몰려는 수작이야.

김명균은 부인을 데리고 유격구를
탈출하려다 체포된다.

이제는 꼼짝없이
민생단으로 몰려
총살되겠군.

감금되었던 김명균은 그날 밤 다시
탈출했다.

김명균 감시를 맡았던 이는 민생단으로 지목돼 총살되었고,

탕

현위원회 서기였던 이용국 이하 20여 명이 체포되었다.

이제 우리 다 죽는건가?

탈출한 김명균은 일경에 체포되고

커슌하겠소.

이후 소학교 교장으로 지냈다.

하지만 그 사이 지하활동을 계속해 11명의 당원을 발굴, 육성하다가

변절자의 밀고로 다시 체포되었고,

뭐야? 위장커슌이었어? 넌 이제 죽었어.

서대문 감옥으로 압송된 뒤 사형에 처해졌다.

마지막 할 말은?

반경우는 다시 훈춘현(혼춘현) 대황구 유격근거지를 찾아 유격대 정치위원 박두남을 직무 정지시켰다가

박두남! 당신은 파쟁분자로 판단되는 바, 직무정지를 명한다!

박두남에게 살해되고 말았다.

뭐? 파쟁분자? 애매한 걸 걸어 이 박두남을 죽이려 들다니, 너부터 죽어바랏!

탕

도주하던 박두남은

도중에 묵었던 움막에 쪽지와 총을 남겨두고

무가는 혁명에 쓰시오.

박두남

산으로 들어갔다. 이때만 해도 혁명 전선에서 이탈할 생각이 없었다.

하지만 두 달간 산속에서 배고픔으로 고통받으며 마음이 변했다.

내려와 투항한 뒤 친일 무장단체인 정의단 부단장을 맡아 토벌대의 앞잡이로 일했다.

반경우 살해 사건으로 충격을 받은 동만특위는

이번 사건은 우리의 고급 간부진에까지 민생단이 퍼져 있음을 보여주는 증표요.

35㉖

특위 선전부장 이상묵을 훈춘현에 급파했다.

훈춘 당조직, 유격대, 군중단체의 70%가 민생단이라 생각한다. 이제 깡그리 드러내 주겠다.

함북 길주 출신으로 화요파였던 이상묵은 60여 명을 체포해 고문, 처형했다.

타 타 타다 타다 타 타 타

이후로도 민생단 색출 작업을 계속해서 이상묵으로 인해 죽은 이가 100여 명에 달했습니다.

누구나 민생단이 될 수 있는 살벌한 환경이 이어지는 가운데

지주 출신? 민생단이군.

지식인? 민생단!

독립군 출신? 민생단!

불평불만을? 민생단이네.

눈물을 흘려? 민생단이지?

식사 중 밥을 흘려? 민생단 아냐?

동만특위는 조직부장으로 반민생단 투쟁을 지휘했던 김성도를 파쟁 영수, 민생단 영수로 지목했다.

제가요?

함북 명천 출신으로 조선공산당, 중국공산당 당원이 되었던 김성도. 결백을 증명해 보이려고 혈서도 썼지만

총살에 처해졌다.

혈서로 당과 인민을 기만하려 하다니!

발사!

수십 명을 민생단으로 몰아 죽이더니…

으으으

1934년 12월 만주성위원회 순시원인 종자운이 동만특위를 찾았다.

어서 오십시오.

특별회의가 소집되고 조선인 간부들이 민생단 두목으로 지목되었다.

주진, 이상묵, 최학철이…

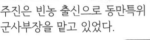

주진은 빈농 출신으로 동만특위 군사부장을 맡고 있었다.

동북인민혁명군 제 2군 독립사 사장이기도 하오.

체포된 그는 탈출했다.

그의 탈출로 휘하에 있던 20 여 명이 민생단으로 몰려 처형됩니다.

탕 탕 탕 탕 탕…

경찰에 체포된 뒤 투항해 명월구 무장자위단 단장으로 토벌에 앞장섰다.

이상묵은 앞서 본 대로 민생단 숙청 업무를 맡아 100여 명을 처형한 장본인.

지방 순시 중 소식을 듣고 부인과 함께 도주했다.

내가 민생단이라니 말이 되는 소리냐고?

이후 간도협조회 유인으로 투항해
특별공작대에서 유격대 토벌 활동을 벌였다.

이상묵, 주진이 빠지면서 동만특위 지도부가 재조직
되었는데 특위원 7명 중 조선인은 이송일 한 명뿐.

이송일은 옌지의 빈농 출신으로
왕청현(왕청현) 서기를 거쳐 동만특위
상무위원 겸 선전부장에 자리했다.

동만특위 상무위원이라면
조선인으로서 올라갈 수 있는
최고 지위라 할 수 있지.

하지만 2개월 뒤 민생단 최고 영수로 지목된다.

이상묵, 주진,
최학철이 이끄는
민생단 지도 기관이
파괴된 후
새로 민생단
지도부를 조직하려
한 죄!

그 역시도 숱한 이를
민생단으로 몰아 죽게
했었다.

조선인 간부들은
죄다 의심받고
있는만큼 결백을
입증해 보이기
위해서라도 더욱
철저히 단속해야
...

사형 직전 이런 말을
남겼다.

정말 민생단이란
현실에 존재하지 않는
환영이었나?

그걸
이제야
아셨수?

많은 이들은 억울하게 민생단으로
몰리면서도 죽음의 길을 피하지 않았다.
농민 출신 정필국은 민생단으로 몰려
총살형에 처해졌다.

탕 탕 탕 탕 탕

그러나 급소를 피했는지 죽지 않았다.

그는 총살 집행자에게 돌아와 호소했다.

나는 공산당이지 민생단이 아니오. 지도원을 만나게 해주오.

민생단이라면 도주를 해야 정상인데…

알겠소.

지독하구만. 데려가서 확실히 총살해라.

결국 '확실히' 총살되었다.

허룽현위원회 서기 김일환은 앙심을 품은 자의 모함으로 민생단으로 몰렸다.

말도 안 되는 소리요. 내가 민생단이라니!

동지들의 적극적 구원으로 공개재판에선 풀려났지만

김일환 동지는 그럴 사람이 아니오.

그렇소!

끝내 처형되고 말았다. 그런데도 그는 총살 직전에 이렇게 외쳤다.

공산당 만세!

동지들은 혁명을 끝까지 하라!

많은 이들이 공산당 만세, 항일투쟁 만세를 외치며 민생단원으로 죽어갔다.

공산당 만…

유격대 대대장인 양성룡은 숱한 전투 참여 경험과 뛰어난 전투력으로 이름 높았다.

하지만 민생단 혐의를 피해가지 못했다.

이 양성룡이 적들의 앞잡이라고?

내 집안 사람들 대부분이 적들의 토벌로 목숨을 잃었소이다. 그런 내가 민생단이라니, 말이 되는 소리요?

다행히 총살은 면제받았지만 직위 해제되어 일개 전투원으로 싸우다 전사했다.

오진우는 17세에 유격대에 뛰어들었다.

민생단 혐의를 받자 도주해 자위단에 위장 가입한 뒤

잘 왔다. 함께 너를 민생단으로 본 자들을 소탕하자. 복수해야지.

3명의 동지를 조직해 복귀, 혐의를 벗었다.

당 지도부의 생각처럼 민생단원이 그렇게 많았다면 어떻게 유격대가 유지될 수 있었을까?

그들이 어떻게 숱한 전투에 참여하며 많은 적들을 죽일 수 있었을까?

무엇보다도 상층의 중국공산당 간부들은 어떻게 무사할 수 있었을까?

조금만 생각하면 모순투성이인 반민생단 투쟁은 무려 3년이나 이어졌다.

1935년 말에 이르러서야 중국공산당 지도부도 뭔가 잘못됐다는 생각을 품게 되었다.

아무래도 우리 방식이 지나쳤던 모양…

이 사이 점차 강화된 적들의 토벌전과

죽이고 불태우고 빼앗고 ㅋㅋ

반민생단 투쟁으로 인한 역량 약화 등이 어우러져

숱한 대원들이 죽어나갔고, 민생단 혐의를 받을까 싶어 떠나버리고…

유격근거지를 포기하기로 한다.

반민생단 투쟁은 1936년 2월 코민테른 제7차 대회에 참석했던 위증민이 돌아오면서 최종 종결된다.

광범한 통일전선 형성이 코민테른의 결정이자 우리 당의 방침이오.

동만의 각 유격구에 민생단이 그렇게 많았다면 유격구와 유격대는 유지되지 못했을 것이오. 지금 있는 간부들을 신임하고 함께할 것이오.

또한 직전 중국공산당 만주 조직은 동북인민혁명군을 동북항일연군으로 재편키로 한다.

제 1군부터 제 11군까지.

2천 명에 이르는 제 2군은 절반 가량이 조선인이죠.

동북항일연군 제2군 제3사 사장을 맡게 된 김일성은

여러분의 민생단 혐의가 담긴 이 문서들은 이제 재가 되어 영원히 사라질 것입니다.

무송현 마안산에 이르러 민생단 혐의자 100여 명에게 무죄를 선언하고 전원 자신의 부대로 받아들였다.

본명은 김성주, 평양의 조선국민회에서 활동했던 민족주의자 김형직의 아들이다.

정의부가 허톈현(화전현)에 세운 화성의숙에서 공부하다가

지린(길림)의 육문중학교로 옮겨 사회주의를 접했다.

사회주의 활동을 행하다가
몇 달간 감옥살이를 했고

이후 공산당 입당, 유격대 조직에 나섰으며
왕청유격대 정치위원 등을 거쳐 이날에 이르렀다.

소련으로 도피하는 왕덕림부대를 끝까지 쫓아가 만류한 일,

남아서 같이
싸웁시다.
정 떠나겠거든
우리가 싸울 수 있게
무기라도 두고 가시오.

한국독립군이 참전했던 동녕현성전투에
부대원을 이끌고 참전해 포대를 무너뜨린
일 등으로 이름이 알려졌다.

반민생단 투쟁에서
그가 살아남은 것은
기적에 가까운 일.

김성주는
민생단원.

350

그는 다른 어떤 조선인 간부들보다도 많이
민생단으로 거론됐다.

김일성과
함께,

김일성의
지시를 받고

책임자는
김일성.

그리고 김성도나 이송일은 기어이 그를
죽이려 했다.

이 자는 틀림없는
민생단!

하지만 그가 받은 가장 큰 처벌은
직위 해제.

정치위원 직에서
해임한다.
평대원 신분으로
투쟁을 통해
당과 혁명에 대한
충성심을 입증할 것!

죽음을 피할 수 없던
민생단이란 올가미를
그는 어떻게 번번이
피해나갈 수 있었나?

아직 20대 초반으로 화요파나
엠엘파 같은 기존의 파벌과
무관한 전력,

유창한 중국어와 특유의 친화력
덕이라 하겠다.

하하 하

그에 대한 중국인 간부들의 믿음이 확고해서 처벌 주장이
나올 때마다 막아 나섰던 것이다.

김일성 동지가
민생단이라고?
말도 안돼.

그의 당성과
혁명성은
내가 보증하오.

간도협조회의 파괴공작

유격대를 상대로 한 와해공작은 물론 늘 있었다. 다만 이미 해체된 민생단에 의해서가 아니라

관동군, 일제 경찰들의 특무조직들과 이들의 지휘를 받는 단체들에 의해서다.

이들 단체 중에서도 파괴력이 컸던 조직은 1934년 9월에 조직된 간도협조회다.

1934년 4월 연길헌병대가 조직되었다. 헌병대 대장은 가토 하쿠지로 중좌.

나중엔 조선헌병대 사령관, 관동헌병대 사령관도 맡았지.

끝 없는 기습전, 우리의 토벌에 맞선 반토벌전… 유격대를 저대로 두면 커다란 골칫거리가 될 거야.

이이제이! 조선인 불량분자는 조선인이 맡아 쓸어버리게 하자.

그는 김동한과 협의했고 의기투합했다.

안 그래도 먼저 제안할 생각이었습니다.

오홋!

민생단 초기 멤버로 얼굴을 비쳤던 김동한은 실로 특이하고도 화려한 이력의 소유자.

함남 단천에서 출생해 평양 대성학교를 나온 그는 나라가 망하자 만주로 이주했다.

독립운동을 위해!

블라디보스토크로 건너가 〈권업신문〉에서도 잠시 일했고,

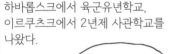

勸業新聞

하바롭스크에서 육군유년학교, 이르쿠츠크에서 2년제 사관학교를 나왔다.

그 뿐이냐, 모스크바 정치학교를 나왔으며,

고려공산당 군사부 위원과 고려혁명군 장교단장을 거쳤지.

이쯤 되면 진정한 볼셰비키!

러시아공산당원으로도 맹렬히 활동했지만

심지어 볼셰비키 지도자인 트로츠키의 신임을 얻었다네.

반유대인 운동을 벌이다 당에서 제명되고 블라디보스토크 감옥에 수감되었다.

트로츠키 동지가 유대인 건 아냐?

출감 뒤엔 중국 군벌 우페이푸(오패부)에 의탁했다.

소련군에 다시 체포되고, 일본영사관에 인도되었다.

데려가슈.

이때 그는 철저한 친일파이자 반공주의자로 변신한다.

쓸모가 많은 친구일 듯.

1925년 조선으로 돌아온 뒤엔 총독부 고위 관료나 친일 인사들과 관계를 맺어왔다.

가토가 생각하는 외곽 특무조직을 맡기에 최적의 인물.

군사 활동이면 군사활동, 공작이면 공작, 다 선수잖아.

그렇게 간도협조회가 출범했다.

간도협조회

〈강령〉

1. 협애한 민족주의를 버리고 아시아 민족의 대동단결을 기한다.
2. 강철과 같은 견고한 조직으로 외래의 공산주의를 배격한다.
3. 일만 합작으로 복리를 증진한다.

회장은 김동한, 전 민생단 단장인 박두영이 고문을 맡았다.

행동 강령은 간도협조회의 성격과 지향을 보다 분명히 보여준다.

〈행동 강령〉

1. 일만일체의 사상을 선전하고 배양한다.
2. 공산당 및 반일·반만군 속에서 해체 작용을 일으킨다.
3. 공산당 및 반일·반만군 중에 정의분자를 이식한다.
4. 일반 군중 속에 정의분자를 이식한다.
5. 공산당 및 반일·반만군의 지하활동을 적발한다.
6. 조선인의 불량분자는 조선인의 힘으로 초멸하여 일만 합작을 완성한다.

분명 민생단과는 목표 자체가 다른 조직이다.

초기 대원은 기존의 친일분자들이었지만

차츰 투항자, 전향자 들의 비중이 높아갔다.

주된 활동을 보면 산림 지역에 들어가 정보 수집 활동을 벌이거나

여차하면 직접 체포나 사살도 서슴지 않았다.

유격구 내에 공작원을 보내 이간하거나

중국인 간부들이 조선인들을 죄다 민생단으로 몰아 죽이려나 봐.

투항자를 이용한 투항 권유 활동도 끈질기게 펼쳤다.

형님이니까 믿고 드리는 말씀인데

겨울 토벌에 죽거나 민생단으로 몰려 죽거나 그도 아니면 얼어죽거나 굶어죽게 될 거요.

투항, 귀순한 자는 쓰임새가 많았다.

잘 왔어.

일단 저들에 대한 내밀한 정보를 얻을 수 있고,

토벌 작전에 안내자로 쓸 수 있고,

투항 사실을 숨기고 유격구로 돌아가 암해, 이간, 투항 권유 활동 등 내부로부터 와해시키는 공작이 가능하지.

귀순자로 활용된 대표적 사례가 김중빈이란 이다.

이 친구는 투항 뒤 유격구로 돌아가 구위원회 서기를 맡았지.

그는 반민생단 투쟁 과정에서 다수를 민생단으로 몰아 고문 살해했고,

탕탕탕

11명의 혁명가들을 모아놓고 경찰에 체포되도록 했다.

김중빈 이 개자식!

시꺼!

간도협조회는 반민생단 투쟁을 적극 부추겼다.

대표적인 사례로 한영호 사건(사방대 사건)이 있다.
간도협조회 공작원이 홀로 옌지현 사방대로 들어갔다.

누구냐?

백색 구역에
공작대로 일하는
사람으로
보고하러 왔소.

한영호가 양식 운반을 위해 밖에
나가 있다는 정보를 알고 있던 공작원.

한영호 동지는
아직 돌아오지
않았소?

아직이오.

기회를 보아 권총을 빼앗고

탁

도주해버린다.
실로 대담한 공작.

돌아온 한영호는 영문도
모른 채 민생단 혐의로
체포되었다.

네가 민생단이
아니라면 그 자가
어떻게 그런 말을
했겠냐고? 엉?

글쎄 난
도무지…

고문을 못 이겨
이름을 하나 댔고

박춘과 함께
민생단 활동을
했소이다.

박춘이 주진, 이상묵을 공술한 것이
사건의 전말.

반민생단 투쟁을
주도해온 우리가
민생단으로 몰린 게
그래서였구만.

앞서 본 이송일 제거도 간도협조회 공작의 결과다.

훈춘현위원회 조직부장 김형묵은 민생단 혐의를 받자 탈출해 투항했다.

간도협조회에 가입한 그가 몰래 유격구로 들어가 편지를 한 장 남기고 돌아갔다. 이송일이 민생단 최고 영수로 몰려 처형당하게 된 배경이다.

송일동지에게

~~~ 저번에 이야기한 유격구에 관한 비밀조사 보고는 새로 파견한 공작원과 면담하기 바라오. ~~~

간도협조회 회장
김동한

직접 체포, 살해한 사례도 살펴보자. 김동한은 18명의 대원을 데리고 나자구 일대로 들어갔고

일만 군경의 협조를 받아 10여 일 만에 동만특위 대리서기 진흥장 등 200명을 체포, 살해했다.

간도협조회는 뒤에 만주국 협화회에 흡수되는데 2년 남짓한 활동 기간 동안 항일운동 진영에 실로 막대한 타격을 입혔다.

1934.9 ~ 1936.3 이 사이에만 우리 간도협조회가 체포하거나 투항, 귀순시킨 자들이 몇인고 하니 자그마치 2,284명이지.

이중 조선인이 2,168명이고.

여자도 341명에 이르렀지.

파쟁반대가

들어라 중조 로력 대중아 파쟁은 원칙 없는 반혁명이라
일제 놈의 충실한 개아들은 조선의 여러 가지 파벌이라

파쟁분자 령수 놈들은 민생단 개 무리 령수로다
일제 놈과 파쟁분자 민생단은 모두가 다 같은 원수로다

로력자 형제를 속이어서는 혁명의 길에서 떠나게 한다
살인 방화 략탈로 전업을 삼고 혁명을 파괴하는 악마로다

조선과 중국과 세계혁명을 깨뜨리려 기도하는 파쟁분자라
중조 민중의 련합 전선을 깨뜨리려 기도하는 파쟁분자라

만주의 민족혁명 반일 전쟁을 파괴하려 기도하는 파쟁분자라
일어나라 중조 로력 대중아 날카로운 싸움으로 없애버리자

민족혁명당 창당

1935년 7월, 임시정부 일부 세력을 제외한 한국독립당, 신한독립당, 대한독립당, 의열단 등 9개 단체 38명이 모여 민족혁명당을 창당했다. 민족혁명당의 결성은 해외의 통일전선운동에서 이룩된 최대의 성과였다. 사진은 민족혁명당 창당식이 열린 진링대학(금릉대학).

윤봉길 의거

윤봉길은 1932년 4월 29일 상하이 훙커우 공원에서 일본의 전승 축하식이 진행되고 있을 때 단상 위로 폭탄을 던졌다. 그로 인해 상하이 파견군 사령관이었던 시라카와와 상하이의 일본거류민단장인 가와바타 등이 죽고, 제3함대 사령관 노무라 중장, 제9사단장 우에다 중장, 주중공사 시게미쓰 등은 심각한 중상을 입었다.

난징

상하이

제5장

중국 본토의 항쟁

이승만 탄핵과 국민대표회의를 둘러싼 내분 등으로
침체에 빠진 대한민국임시정부는
새로운 활로를 개척하기 위하여 비밀특무대인 한인애국단을 결성하고,
이봉창과 윤봉길의 의거를 주도한다.
한편 중국 본토에 모인 여러 독립운동 세력은
통일된 조직을 결성하기 위한 노력에 나서고
마침내 민족혁명당을 조직하기에 이른다.

도쿄

이봉창 의거

1932년 1월 8일 이봉창은
도쿄 경시청 앞을 지나가는
일왕 히로히토를 향해
수류탄을 던졌다.
비록 일왕 암살엔 실패했지만
반향은 컸다.
일본 정계가 요동쳤으며
조선과 중국의 민중들은
격동됐다.

1933	흥경성·대전자령전투 미국, 뉴딜정책	1934	양세봉 피살 순국 대장정	1935	민족혁명당 창당 독일, 재무장선언

임시정부와 한인애국단

1926년 12월 홍진이 국무령을 사임하자

유일당 운동에 전념하기 위해서.

의정원 의장 이동녕은 김구를 국무령으로 세운다.

국무령을? 제가 말입니까?

제 출신이 일국의 원수가 되기엔 좀 그렇습니다. 국가의 위신과 관련된 일인만큼 맡을 수 없습니다.

그리고 생각해 보십시오. 이상룡, 홍진 두 분도 응하는 인재가 없어서 실패했는데 제가 나서면 더욱 응할 이가 없을 것입니다.

내가 힘써 도우리다. 우리 정부를 생각한다면 사양해선 안됩니다.

김구, 1876년 황해도 해주에서 태어났다.

어려선 한학을 배웠고

18세에 동학에 입도하여 동학군의 젊은 장수로 활약했다.

명성황후 시해 소식에 분개해
한 일본인을 타살하고

감옥살이를 했는가 하면

한때 승려로 지내기도 했다.

학교를 세우는 등 계몽운동에도 참여했고,

1911년엔 안명근 사건으로 체포돼 7년 형을
선고받았다.

1914년 감형되어 나온 뒤 농장관리인으로 지내다가
3·1을 만나고선

곧장 상하이로 떠났다.

임시정부에 참여해 경무국장을 맡았지만

그는 주목받는 인사는 아니었다.

저기 안창호 선생이네.

와우! 한인사회당 이동휘 선생이야!

선글라스 낀 분이 신규식 선생이지.

이동녕 선생도 보이고

이승만 박사는 언제 오시나?

이후 임시정부가 이승만 탄핵과 국민대표회의를 둘러싼 내분을 겪을 때

김구는 일관되게 친이승만, 임정 옹호 노선을 견지했다.

과도적 국무령을 맡은 김구는 내각을 구성함과 동시에 헌법 제정에 착수했다.

마침내 1927년 3월 새 헌법(대한민국 임시약헌)이 제정되었다.

제1장 총강

제1조 대한민국은 민주공화국이며, 국권은 인민에게 있다.
　　단, 광복 완성 전에는 국권은 광복운동자 전체에게 있는 것으로 한다.
제2조 대한민국의 최고 권력은 임시의정원에 있다. 단, 광복운동자가 대단결한 정당이 완성될 때에는 최고 권력은 그 당에 있는 것으로 한다.
　　……

임시의정원에 최고 권력을 부여하면서도 대단결한 당이 조직되면 당에 최고 권력이!

이당치국 원칙을 받아들였네. 유일당 운동은 거부할 수 없는 대세니까.

탈이 많았던 대통령제 대신 국무위원제를 채택하고 있다.

형식상 대표는 주석이지만 단지 회의를 주관할 뿐이고 국무위원들에 의한 집단지도체제입니다.

일인독재는 원천적으로 불가능합니다.

신헌법에 따라 새 내각이 꾸려지고 이동녕이 주석 겸 법무장이 되었다.

김구 내무장

오영선 외무장

김철 군무장

김갑 재무장

이후 유일당운동이 실패로 귀결되면서

민족유일당

임정은 임정의 여당 역할을 담당할 정당 조직을 도모했고, 1930년 1월 한국독립당의 결성을 보게 된다.

만주의 한국독립당과는 다른 조직입니다.

한국독립당

토지와 대생산기관 국유화, 의무교육 실시 등을 강령으로 삼았지요. 상당히 진보적이죠? 나 조소앙의 삼균주의를 기본노선으로 했습니다.

한편 의열단이 의열투쟁에서 노선을 변경하던 때였던

조직과 기율을 구비한 대중적 무장투쟁으로!!!

1926년 1월, 임정은 병인의용대를 조직하고 의열투쟁을 추구한 바가 있다.

암살 파괴는 혁명가의 무상한 무기이며 유일한 수단이다. 강대한 폭력을 타도, 전복시키려면 오직 암살, 파괴 뿐이다.

대장 이유필

간부 나창헌

최창익

박창세

밀정 처단, 일본총영사관 폭파 기도 등의 활동을 수행했는데,

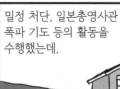

이를 계승한 새 조직이 만들어진다. 만주침공 직후인 1931년 9월 20일 임정은 긴급국무회의를 갖고 다음과 같은 결정을 내린다.

운동의 새로운 활로를 개척하기 위해 비밀특무대를 결성한다.

조직의 결성과 운영은 내무장인 김구 동지가 맡는 것으로.

활동방법, 방향, 인물 선정 등 모든 권한을 일임할 테니 책임지고 추진하시되 결과만 보고하시오.

잘 알겠습니다.

그리하여 그해 말 김구가 단장으로서 출범시킨 비밀특무대가 한인애국단이다.

한인애국단

출범했다고 해봐야 나 혼자인 일인 조직. 이제 특무 활동을 벌일 조직원들을 모아가야지.

뒤에 보듯 한인애국단의 최초 가입자는 이봉창이다.

한인애국단은 연거푸 세상을 깜짝 놀라게 했고 위축되었던 임정에 활력을 안겨준다.

또 한인 애국단이네.

와! 대단!

이봉창 의거

이봉창은 1901년 서울 출생. 어려서부터 과자점, 약국 등에서 점원으로 일했고,

용산역 인부 등 노동일을 해왔다.

늦게 들어온 일본인이 자기보다 상급자가 되는 현실에 실망해 사직하고

1925년 일본으로 건너갔다.

오사카에서 막노동을 전전하다가

일본인 조장에게 인정받아 일본인 여럿을 데리고 일할 수 있게 되었다.

일본 이름도 짓고 ♪ 나는 신일본인 ~

1928년 11월 천황 즉위식을 보기 위해 교토로 갔다.

신일본인으로서.

그런데 한인 무장단체가 비밀요원을 파견했다는 정보가 돌았고 경계가 삼엄했다.

몸수색을 당했는데 면도칼과 조선에서 보내온 편지가 나왔다.

걱정과 달리 면도칼이 아니라 편지가 문제가 되었다.

조선진이네. 따라와!

경찰서에 연행되어 9일간 구금되었다.

일본인들은 당일, 늦어도 다음 날엔 풀려났는데…

새롭게 조선인으로서 민족적 차별을 확인하는 순간이었다.

그래, 나는 조선인이지.

이후 타이완으로 건너갔다가 오사카의 옛 친구를 만나 임시정부 이야기를 듣는다.

상해의 프랑스 조계에 가면 우리 임시정부가 있는데 조선인들을 잘 돌봐준대.

영국인 전차 회사도 조선인을 우대해주고.

아!…

그래, 그 동안 엉터리 일본인으로 사는 건 고역이었어. 남은 생은 조선인으로 살자!

상하이로 건너와 임정을 찾았다.

무슨 일로 왔소?

나는 여차여차 살아온 조선인이외다. 영국인 전차회사에 취직할 수 있게 좀 도와달라고 부탁하러 왔습니다.

이때 김구를 만났다.

나는 백정선이라 하오만.

이봉창 입니다.

전차회사 취직은 어려울 듯 하오. 그나저나 일본 상황은 잘 아오?

한번 더 일본에 갈 수 있겠소?

네, 뭐… 한 5년 살았으니 훤합니다.

그야 뭐 어렵지 않지만 뭐 땜에 그러시는지요?

세상을 놀래킬 일을 만들어볼까 하오. 가령 일왕을 없앤다든가?

뭐야? 이 양반, 농담이야, 진담이야?

혹시 이 일을 맡아 해줄 수 있겠소?

다음번 만남에서 이봉창은 제안을 수락했다.

하겠습니다.

이봉창의 결심은 나날이 굳어갔다.

동경의 지리는 훤합니다.

폭탄만 있으면 일왕이 지나갈 때 던지는 건 손쉬운 일입니다.

그보다 장식물에 불과한 일왕보다 총리나 고관을 제거하는 게 낫지 않을까요?

그렇지 않소. 일왕을 죽이는 게 세상에 더 큰 영향을 끼칠 것이오.

김구의 권유에 따라

때가 될 때까지 임정 출입을 삼가고 일본인 행세를 하며 지내는 게 좋겠소.

일본인 가게에 취직했고 일본 상인들은 물론 일본인 경찰과도 사귀며 일본인으로 지냈다.

상하이에 들어온 지도 1년, 김구는 다시 그의 결의를 확인했다.

언제든지 결행할 수 있습니다.

그리고 사진관으로 가서 기념사진을 찍었다.

찰

칵

김구가 이봉창을 한인애국단의 최선봉장이자 가장 먼저 가입한 단원이라 말한 데서 보듯 이봉창이 한인애국단이 되면서 비로소 한인애국단이 출범하게 된 듯하다.

건네받은 2개의 폭탄을 품에 감추고 상하이를 떠났다.

일본에 도착해서는 여관에 머물며 정세를 살폈다.

1월 8일 도쿄 교외 연병장에서 육군 관병식이 열리고 천황이 참석한다?!

이봉창은 김구에게 결행을 알리는 전보를 보냈다.

1월 8일 상품이 팔릴 것.

……

거사 당일, 연병장으로 가는 길목에서 거사하려고 달려갔는데 천황 행렬은 이미 지나간 터였다.

돌아올 때 행하려 했지만 또 행렬을 놓쳤다.

택시를 잡아탔다.

지름길로 앞질러 가자.

경시청 앞으로 갑시다.

이윽고 나타난 천황 행렬.

두 번째 마차를 향해 수류탄을 던졌다.

꽝

굉음과 함께 터졌지만 위력은 크지 않았다. 마차는 바퀴에 약간 손상을 입었을 뿐 그대로 달려나갔다.

엉뚱한 이를 체포하는 것을 보고는

여보슈!

스스로 체포되었다.

거 애먼사람 잡지 마슈. 폭탄 던진 사람은 바로 나요!

체포된 뒤 신문 과정에서
이봉창은 수류탄의 위력에
불만을 터뜨렸다.

폭탄이 작아
실패한 것에 대해
대단히 유감이오.

상해에서 시험해보자고 했지만
백정선씨가 대단히 위력있는
폭탄이라고 해서 믿었는데
이게 실패의 원인이 되고 말았소.
백정선씨가 원망스럽소.

이봉창에겐 사형이 선고되었고
1932년 10월 10일
이치가야 형무소에서
집행되었다.

비록 천황 암살에 실패했지만
반향은 컸다. 일본 내각은
총사퇴했고,

일본 신문들은 연일 사건과
관련한 정국 추이를 전했으며

불경사건,
앵정문외 대역사건,
이봉창사건 등의
이름으로 …

〈동아일보〉는 네 차례의 호외를
발행했다.

청도의 〈민국일보〉는
이런 제목으로 보도했다가

韓國不亡李泰昌
昨日皇未遂

한국은 망하지 않았다.
이봉창 일황에 폭탄,
미수에 그쳐 ?!

뭐야? 실패를
아쉬워하는 듯한
이 논조는?

일본인들의 격렬한 난동을 마주해야 했고,

결국 폐간해야 했다.

상하이의 〈민국일보〉도 실패를 안타까워하는 듯한 보도를 했다가

가까이서 터졌으나 불행히도…

불.행.히.도 라.고.라.고.라?!

일본인들의 격렬한 폭동을 불렀을 뿐 아니라

상하이사변(송호전쟁)으로 이어지는 불씨를 제공하게 되었다.

한국독립당은 1월 9일과 10일 연이틀 성명서를 발표했다.

본당은 삼가 한국 혁명 용사 이봉창이
일본 황제를 저격하는 벽력일성으로써
멀리 전 세계 피압박민족의 새해 행운을 축복하고
이와 함께 환호하며, 즉각 제국주의자의 아성을 향해
돌격하여 모든 폭군과 악한 정치의 수범을 쓰러뜨리고
민족의 자유와 독립의 실현을 도모할 것을 바란다.

대한민국 14년 1월 9일 한독당

김구는 이봉창의 사형 집행이 임박한 1932년 9월 28일, 중국의 통신사들에 '도쿄(동경) 작안의 진상'을 보냈고,

중국의 신문들이 이를 받아 보도하면서 사건의 전후가 알려졌다.

이봉창 | 한인 애국단

지난 번 동경의 폭탄사건 말야,

알아, 나도 신문 봤어. 한인애국단이란 데서 한 거라며?

일부 친일파들의 행동도 기억해두자. 상애회 회장 박춘금은 사건 당일 고위층을 방문해 사죄하고,

불경범인이 조선인인데 대해 송구하기 이를데 없습니다.

다음 날엔 상애회 회원 120명을 모아 궁성 입구에 도열시키더니 망배하고 사죄했다.

우리 동포 가운데 이런 불령자가 나온 것에 대해 폐하께 충심으로 사과의 말씀을 드리옵니다.

한상룡, 박영철, 민대식, 박승직 등 동민회 회원은 사건 다음 날 식도원에 모여 35명의 이름으로 결의문을 발표하고

우리 35명 일동은 사죄의 뜻으로 근신할 것을 결의합니다.

봉위문(奉慰文)을 전보로 총리, 척무대신, 궁내대신, 총독에게 보냈다.

報電

報電

윤봉길 의거

이봉창의 의거가 있고 난 뒤 4개월가량 지난 1932년 4월 29일, 상하이 훙커우(홍구)공원. 천장절(천황 생일) 행사로 몰린 2만여 인파 가운데

한 조선인 청년이 있었다.

청년의 이름은 윤봉길, 충남 예산 출신이다.

일찍이 고향에서 농촌운동을 하다가

23세 되던 1930년 3월, 독립운동의 뜻을 품고 중국으로 갔다.

장부가 뜻을 품고 집을 나서면 살아서 돌아오지 않는다.

丈夫出家不還

만주, 청도 등을 거쳐 상하이에서 독립운동의 길을 모색하던 그는 김구를 찾았다.

동경사건 같은 일이 있다면 지도해주시기 바랍니다.

아! …

이봉창의 도쿄 의거를 만들어낸 김구는 연이어 이덕주, 유진식에게 총독 처단을,

유상근, 최흥식으로 하여금 관동군 사령관과 만철 총재 처단을 준비 중이었다.

한 가지 마땅한 일이 있긴 하오. 천장절을 즈음해 거사를 도모해볼 수 있을 듯 하오.

저는 지금부터 흉중에 한점 번민이 없어지고 안온하여 집니다. 준비해 주십시오.

덥 석

김구는 김홍일을 찾았다.

1898년 평북 용천에서 출생한 김홍일은 정주 오산학교를 졸업하고

1918년 독립운동을 위해 상하이로 망명, 중국 육군강무학교에서 군사교육을 받았다.

이후 중국군 장교로 활동하다가 만주의 독립군 부대에 들어갔고,

자유시참변을 목도하고 돌아와 곡절 끝에 중국군으로 복귀해서는

상하이 병기창 주임으로 근무하며 김구와 한인애국단에 많은 도움을 주었다.

이봉창이 던진 수류탄도 그가 마련한 것.

일본인들이 어깨에 메는 도시락과 물통을 보낼 테니 그 안에다 작탄을 장치해서 보내주게.

동경에서처럼 실패하지 않게 성능에 각별히 신경써 주고.

네!

그는 다시 윤봉길을 위해 폭탄을 마련했다.

말씀하신 대로 신경써서 준비했습니다. 성능은 기대하셔도 좋을 겁니다.

거사 일시는 정해졌고,
폭탄도 마련되었다.

김구와 만난 윤봉길은 한인애국단에 가입하고 선서문도 작성했으며
다음 날엔 사진도 찍었다.

거사 전날엔 홍커우공원을 답사하고

김구가 요청한 '자서약력'과 시 몇 편을 수첩에 적어 건넸다.

두 자녀에게 남긴 유서

강보에 쌓인 두 병정에게

너희도 만일 피가 있고 뼈가 있다면
반드시 조선을 위하여 용감한 투사가 되어라.
태극 깃발을 높이 드날리고
나의 빈 무덤 앞에 찾아와 한잔 술을 부어놓으라.
그리고 너희들은 아비 없음을 슬퍼하지 마라.
사랑하는 어머니가 있으니
어머니의 교양으로 성공(한) 자로는
동서양 역사를 보건대 동양으로 문학자 맹자가 있고
서양으로 불란서 혁명가 나폴레옹이 있고,
미국에 발명가 에디슨이 있다.
바라건대 너희 어머니는 그의 어머니가 되고
너희들은 그 사람이 되어라.

거사 당일 아침 김해산(정묵)의 집으로 가 김구와 셋이서 최후의 조찬을 했다.

참, 선생님, 저하고 시계를 바꾸시죠. 제 시계는 6월 주고 산 것인데 선생님 시계는 2원 짜리 아닙니까? 제 시계는 한 시간 밖에 쓸모가 없습니다.

남은 돈까지 모두 김구에게 건넨 뒤 윤봉길은 홍커우공원으로 향했다.

잠깐, 입장권 좀 봅시다.

아니, 일본인도 입장권이 필요하오?

아, 스미마센~

일본인 1만여 명이 동원되고 일본 군인들과 각국 외교관, 무관 등이 초청된 행사장.

1부 행사가 끝나고 비가 내리는 가운데 2부 행사가 시작되었다.

식순에 따라 기미가요 제창이 있겠습니다. 모두 자리에서 일어서 주십시오.

아비규환 군중들.

단상의 7명은 모두 쓰러졌다.

상하이 파견군 총사령관 시라카와 대장과
일본거류민단장이 중상을 입어 죽었고,

제3함대 사령관 노무라 중장, 제9사단장 우에다 중장,
주중공사 시게미쓰 등도 중상을 입었다.

윤봉길은 현장에서 집중 구타당하고 체포되었다.

상하이는 발칵 뒤집혔고 프랑스 조계 안은
조력자들을 찾기 위한 일본 경찰의 움직임으로
분주했다.

배후로 지목된 이유필의 집에도
일본인 형사들이 들이닥쳤는데,

사전 정보가 없었던 안창호가
찾았다가 검거되었다.

연일 관련 기사가
쏟아져나오는데,

김구는 1932년 5월 9일
'훙커우공원 작탄안의 진상'을
중국의 각 신문사에 보냈고

오우!

다음 날 중국의 신문들에
대대적으로 보도되었다.

한인애국단의
김구씨가 주도한
일이었군.

난징의 〈중앙일보〉 1932년 5월 1일 자

윤봉길이 신문 과정에 밝힌 거사 이유는 그의 사상의 깊이를 보여준다.

현재 조선은 실력이 없기 때문에 적극적으로 일본에 반항하여
독립함은 당장은 불가능할 것이다. 그러나 만약
세계대전이 발발하여 강국 피폐의 시대가 도래하면
그때야말로 조선은 물론이고 각 민족이 독립하고야 말 것이다.
현재의 강국도 나뭇잎과 같이 자연 조락의 시기가 꼭 온다는 것은
역사의 필연의 일로서 우리들 독립운동자는
국가 성쇠의 순환을 앞당기는 것으로써 그 역할을 삼는다.

물론 한두 명의 상급 군인을 살해하는 것만으로는
독립이 용이하게 실행될 수 없다. 따라서 이번 사건 같은 것도
독립에는 당장 직접 효과가 없음을 매우 잘 알고 있지만,
오직 기약하는 바는 이에 의하여 조선인의 각성을 촉구하고
다시 세계로 하여금 조선의 존재를 명료히 알게 하는 데 있다.

신문을 마친 윤봉길은 상하이 파견 일본군
군법회의에서 사형을 언도받았고,

일본으로 호송돼

1932년 12월 19일 형이 집행되었다.

타ㅇ...

육군 묘지에 인접한 공동묘지 근처,
사람들이 다니는 작은 통로에
암장되었던 윤봉길의 시신은

해방 뒤에 이봉창의 시신과 함께 돌아와 효창원에 묻혔다.

김구와 김원봉

연이은 항일 의거로 중국인들 사이에 한국인들을 불신하던 분위기가 일변했다.

윤봉길의 의거를 장제스는 이렇게 격찬했다.

김구는 독립운동 진영 내에 비로소 자신의 이름을 묵직하게 알렸다.

그는 이름을 바꾸고 피신 활동에 들어갔다.

안공근과만 연락하며 지냈고,

2년 가까이 임정 요인들도 그의 소재를 몰랐다.

임정 본부도 상하이를 떠나 항저우(항주)로 옮겨야 했다.

상하이

항저우

의거 초기엔 동포들로부터 성금이 답지했지만

이내 식어버리고 임정은 여전히 재정적 어려움을 겪었다.

사업 자금은 물론 생존 자금도 바닥 ㅇㅇ

끌끌...

독립운동 진영 내 임정의 입지도 크게 나아지지 않았다.

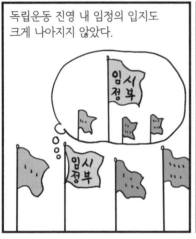

임시정부

임시정부

의열투쟁 노선을 변경한 김원봉의 의열단은 한때 엠엘파의 안광천과 손잡고 조선공산당 재건을 내걸어 공산주의 혁명가 양성에 주력했다.

하지만 일제의 만주침공을 보면서 생각했다.

이제 중국 정부도 반일의 기치를 높이 들게 될 테고 우리의 독립운동에 대한 지원에도 보다 적극적으로 나서겠지.

1932년 초 본부를 난징으로 옮긴 김원봉은 황포군관학교 동기생인 역행사(남의사) 서기 텅제(등걸)와 접촉한다.

일제의 만주, 몽골 침략에 대처하기 위해선 한중 연대에 기초한 반만항일이 필요하오.

한반도가 일제의 식민지인 상황에선 중국이 만몽을 되찾을 수 없을 것이오. 한국독립과 만몽 회복은 불가분의 관계로 대일공동전선이 필요하오.

동의하오.

그렇다면 한중합작을 왜 우리 의열단과 해야 하는가? 혁명은 민중의 힘을 필요로 하는데,

의열단은 창립 이래 직접 행동, 민중 무장의 과정을 거치며 민중의 지지를 받아왔소.

잘 알았고, 총통께 제안을 보고하겠소.

제안을 접한 장제스가 수락했다.

좋군. 추진해 봐.

이후 의열단과 역행사는 수시로 만나 구체적인 논의를 거쳐

1932년 10월 난징에 조선혁명군사정치간부학교를 세웠다.

조선혁명군사정치간부학교

운영 전반은 의열단이 알아서 하오.

고맙소이다.

역행사는 장제스 직속의 비밀정보기관으로 반공과 항일을 앞세웠다.

솔직히 말하면 항일보다도 반공 나아가 멸공!

그런 우리가 왜 공산주의 색채가 농후한 의열단과 손을 잡았느냐?

활용도가 높기 때문이지. 의열단의 애국심, 행동력은 이미 검증됐고,

준비된 장교도 많거든.

역행사 측은 활동 자금과 훈련에 필요한 무기, 탄약 등을 제공했다.

조선혁명군사정치간부학교의
교장은 김원봉이 맡았고,

학생들은 합숙 생활을 했다.

소정의 월급도
받았습니다.

1933년 4월 1기생 26명을 시작으로 2기생 55명, 3기생 44명이 졸업했다.

우리 졸업생들은 조선독립과
만주국 탈환이란 목표 아래
일본과 만주국 요인 암살,
재만 항일단체와의 제휴,
국내와 만주 노농대중에 대한 공작
등의 임무를 부여받았습니다.

이들은 김원봉과 의열단의 든든한 기반이
되어주었다.

의열단의 이 당시 정세 인식은 이러했다.

머지 않아 일본과 소련간에
전쟁이 벌어질 테고
세계대전으로 번질 거야.
이때를 타서 무장봉기를 통해
민족해방을 도모하자.

당면해서는
대중조직을
세우고 대중을
훈련해야.

만주의 독립운동 진영도 관내로 많이 들어왔다.

조선혁명당은 양세봉을 위시한 조선혁명군 세력을 뒤로하고 양기탁, 최동오를 필두로 한 일부가 들어왔다.

세력은 미약, 수도 적고 청년들도 없고.

난징에선 윤기섭, 신익희 등에 의해 한국혁명당이 창당되었다.

한국독립당에서 분회했습니다.

독립운동 진영의 단결을 내세웠지만 역시 세력은 크지 않았다.

한국혁명당

김구는 김원봉과 의열단이 국민당의 지원을 받아 군사간부학교를 여는 것을 보고 자극받았다.

......

중국 정부 및 국민당과 교섭하더니 1933년 봄, 난징의 중국중앙군관학교 안에서 장제스와 만나고 도움을 청했다.

좋소이다. 말씀하신 한인특별반 개설과 매월 5천 원의 지원을 약속하오.

그렇게 중국중앙육군군관학교 뤄양(낙양)분교에 한인특별반이 마련되었다(1934년 2월).

김구의 요청을 받은 한국독립군 지청천이 합류해 총교도관을 맡았다.

하지만 지청천은 이내 김구과 갈등했고,

총교도관이면 그에 걸맞은 권한을 줘야지

재정과 운영권을 모두 틀어쥐고 안공근 등 측근들하고만 상의한단 말야.

홀로서기를 추구한다. 만주에서 함께 온 대원들을 중심으로 한국군인회를 조직했다.

한국군인회

한인특별반에 한국군인회 소속 생도가 다수라는 사실!

지청천은 이어 한국대일전선동맹에 참여하면서 민족혁명당 창당에 뛰어든다.

이때 난징은 상하이, 만주 등 각지에서 활동하던 이들이 모여 북적거렸다.

여러 조직과 분파가 난립했고 자연 전선 통일의 바람이 불었다.

단결해야!

이어 한국독립당, 조선혁명당, 한국혁명당, 의열단, 한국광복동지회 등 각 단체가 한국대일전선통일동맹을 조직했다.

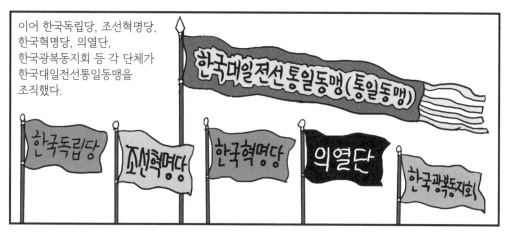

통일동맹의 취지를 보자.

동아의 시국이 대변동하는 비상 시기를 맞아 각 방면의 혁명 역량을 총집합, 통일 조직을 완성하여 전투력의 충실을 도모한다. 한국혁명자의 통일적 단결을 촉성하는 동시에 중국혁명 동지와 긴밀히 연락하여 대일 공동작전 계획을 수립하고 연합 전투공작을 실행한다.

한국혁명자 총단결!

중국 동지들과 대일 공동투쟁을!

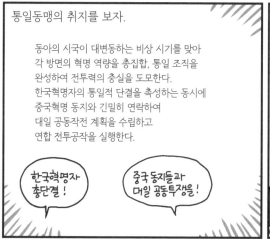

여러 단체가 모였지만 의열단의 세가 단연 강했다.

이때 한국혁명당과 (재만)한국독립당이 합당해 신한독립당으로 거듭난다. 지청천의 군사조직까지 합류하자 의열단에 버금가는 세를 형성하게 된다.

신한독립당

당수 홍진   윤기섭   지청천

통일동맹은 다음과 같은 인식을 공유하였다.

대일공동작전 계획을 수립하고 연합전투 공작을 실행하려면

지금과 같이 느슨한 협의체 조직으론 곤란하지요.

협의체를 넘어서는 강력한 단일 동맹체가 되어야 하오.

옳소! 그러자면 각 단체를 해소하고 하나의 조직으로 묶여야 하오.

임정은? 임정도 당연히 해체하고 들어와야죠.

논의가 무르익어가면서 임정을 제외한 제 단체가 동맹체로 결합해가는 분위기.

이러다가 애써 마련한 한인특별반까지 휩쓸려 갈 판 …

김구는 한인특별반에서 자파생 25명을 철수시켜 한인특무대독립군을 조직했다(1934년 12월).

한인특무대독립군

임정도 특무대에 재정 수입의 반을 지원키로 한다.

한인특무대의 조직 목적엔 특이한 대목이 있다.

… 조직 목적 또는 수령의 명령에 배반하고 다른 당파와 통교하며 자기 동지를 적에게 파는 경우엔 혁명 반역자로 처분한다. 한국혁명을 위해 전원 무장하고 일제와 그 정책을 파괴하는 것을 목적으로…

타 조직과의 협동전선 참여를 봉쇄하고 수령, 즉 김구에게 절대복종할 것을 요구하는 것. 그렇듯 조직은 김구의 사조직적 성격이 강했다.

……

한편 대일전선통일동맹의 해체 요구에 임정은 분열한다.
이때의 임정 국무위원 7명 중에서 양기탁, 유동열, 김규식,
조소앙, 최동오 등 5명이 해체에 동의하고 동맹에 참여했다.

임정, 임시의정원 해체!

독립운동 진영의
진정한 통일을 위하여
우리의 기득권을 버려야!

국무위원 차이석, 송병조는 임시정부
수호의 길을 갔다.

어떻게 만들고
이어온 임정인데!
해체불가!

김구 동지와 원로이신 이동녕,
조완구, 이시영 선배들과 함께
임정을 지킨다!

통일동맹의 제 세력 통일 움직임은
민족대당 건설로 모아졌다.

이번에야말로
전체 독립운동을
통일적으로 지휘할
민족대당을 건설하자!

김원봉이 특히 적극적이었다.

민족혁명당이 만들어지면
우리 의열단이 주도하는
군관학교는 물론
중국 정부의 지원금도 모두
당에 인계할 것이오.

직접 김구를 만나 설득도 했다.

그럴듯하오만
지난 경험으로 보아도

여러 세력이 모인
신당의 미래는
불확실하다고 보오.

그리고 당신들과 우리는 독립운동에 대한 방략이 너무 다르오.

김구의 생각은 1935년 9월 임시의정원을 상대로 발표한 개인 성명에서 엿볼 수 있다.

나는 수년 전에 임시정부 특위의 임무를 부여받아 그 지정한 범위 내에서 지금까지 능력 닿는 대로 충성을 다하여 사명이 욕되지 않게 노력해왔는바, 지금 전하는 소문에 의하면 아직 명분과 실제가 일치하지 않는 '대당조직'의 미명을 가지고 임정이라는 법인의 해소를 시도하는 인사들이 있다 하니 어찌 부당하지 아니한가. 아직까지는 우리 독립운동계에 대단체들과 정부라는 명칭을 참칭하여 출세했던 일까지 있었으나 우리 임정같이 위대한 업적을 거둔 자는 아직 들어보지 못하였다…

나는 결코 민족 통일을 반대하지 않고 진정한 통일을 요망한다. 그러나 위임받은 특무의 본의를 수행할 것을 미리 말하여둔다. 전례에 의하여 우리의 금후 통일은 해외의 몇 개 단체나 몇몇 인사의 책동만으로 넉넉지 않고 내외자를 통하여 전 민족의 대표적인 의사가 되지 못하면 도로 과거의 연극이 될까 염려한다.

성명에서 말한 것처럼 그간 통일전선 움직임은 여러 차례 있었다.

개조! 창조!

국민대표회의가 몇년에 걸쳐 열렸지만 결과는 어찌 되었나? 결국은 분열만 확인하고 끝나고 말았지.

몇 해 전에 있었던 유일당 운동은 또 어땠나? 역시 무위로 그쳤어.

그는 지금껏 줄곧 임시정부 지킴이로 살아왔다.

이승만 탄핵을 거의 끝까지 반대했던 것도 어쩌면 그 목적이 임시정부 붕괴에 있다고 보았기 때문일지도.

이러 저러한 주장을 내걸고 목청을 높이는 것도 가실은 독립운동의 주도권을 가져가려는 술책, 이미 있는 임시정부를 중심으로 단결하는 것이 최선이야.

임시정부 일부 세력을 제외한 나머지 제 세력인 한국독립당, 신한독립당, 대한독립당, 의열단과 뉴욕교민단, 하와이국민회 등 9개 단체 38명이 모여 민족혁명당을 창당한다(1935년 7월).

민족혁명당의 당강은 민족주의와 사회주의 세력의 연합인 만큼 민주공화제를 근간으로 하면서 사회주의적 요소를 상당히 수용한 모습을 보여준다.

일제 박멸과 자주독립 완성, 봉건 세력, 반혁명 세력 숙청하고 민주 정권 수립, 지방자치제, 민중 무장, 남녀평등···

그리고 국민 생활상 평등 제도 확립, 토지국유화 후 농민에게 분배, 대규모 생산 기관 및 독점기업 국유화, 경제활동은 국가의 계획 통제 하에, 친일파, 일제의 재산 국유화,

완벽한 통일당은 아니지만 민족혁명당은 해외의 통일전선 운동에서 이룩된 최대의 성과.

이 당시 일제 측도 민족혁명당을 중국 지역 민족운동단체 중 가장 위험한 단체로 평가했다.

간부만 30명에,

군사훈련을 거친 당원이 150명,

가장 조직적으로 정비되고 다수가 참여한 단체.

민족혁명당 창당을 주도하고 서기장에 선출된 김원봉은 명망에서나 영향력에서 이 시기 중국 내 독립운동가들 중 가장 우뚝한 위상을 차지하게 되었다.

약산!
김원봉
김원봉

하지만 성향이 다른 단체들의 결합은 곧 문제를 낳았다.

그렇게는 곤란하오.

무슨 소리요?

창립 두 달 뒤인 1935년 9월, 조소앙 등은 결별을 선언하고 한국독립당을 재건했다.

신한독립당 계열도 김원봉과 의열단 계열의 독주를 비난하며 내부 갈등 관계를 이어갔다.

민족혁명당을 의열단의 하부조직으로 생각하는 거야, 뭐야?

한편 잔류 임정 계열은 1935년 11월 민족혁명당에 맞서 한국국민당을 결성했다.

한국국민당

옛 다롄수상경찰서

1932년 11월, 상하이에서 다롄으로 이동하던 이회영이 다롄항에 도착하자마자 체포돼 혹독한 고문 끝에 순국한 곳이다.

뤼순 감옥

타이완에서 체포돼 10년 형을 선고받은 신채호는 뤼순 감옥에서 옥고를 치르다가 1936년에 옥사했다. 현재 뤼순 감옥 특별전시장에는 일제의 만행을 증거하기 위해 안중근 의사, 신채호 선생, 이회영 선생의 흉상이 서 있다.

우리는	1931	조선어학회	1932	이봉창·윤봉길 의거
세계는		만주사변		독일 나치, 제1당이 됨

제6장

여성 독립투사와 아나키스트

이 시기에도 숱한 독립운동가들이
독립을 위한 투쟁에 목숨을 바친다.
앞에서 다루지 못한 몇몇 투사들을 소개한다.

남자현 생가
경북 영양 출신의 남자현은 3·1혁명 이후 만주로 옮겨
활발한 독립운동을 전개했다.

영양

1933	흥경성·대전자령전투	1934	양세봉 피살 순국	1935	민족혁명당 창당
	미국, 뉴딜정책		대장정		독일, 재무장선언

윤희순과 남자현

윤희순, 1860년생으로 16세에 혼례를 올렸다.

시아버지는 의병장 유인석의 재종형 유홍석으로 을미의병 당시 역시 의병으로 나섰다.

이에 윤희순은 의병들에게 밥을 해먹이고

〈안사람 의병가〉를 지어 부녀들에게 가르쳤는가 하면

아무리 왜놈들이 강성한들
우리들도 뭉쳐지면 왜놈잡기 쉬울세라
아무리 여자인들 나라사랑 모를쏘냐
아무리 남녀가 유별한들 나라 없이 소용 있나
우리도 나가 의병하러 나가보세

의병대를 도와주세
금수에게 붙잡히면 왜놈시정 받을쏘냐
우리 의병 도와주세
우리나라 성공하면 우리나라 만세로다
우리 안사람 만만세로다

직접 부인들을 조직하고 남장을 시켜 의병 대열에 뛰어들기도 했다.

나라가 망하자 시아버지가 떠난 만주로
일가를 데리고 떠났다.

망명 후 시아버지, 시숙부(유인석), 남편,
시동생 등이 연이어 세상을 떴다.

가장이 된 그녀는 아들들뿐만
아니라

일가 사람들을 모두
독립운동의 길로 이끌었다.

장남인 유돈상은
조선독립단학교를 세워
민족 교육, 군사훈련을 시켰다.

양세봉의 조선혁명군과 연계해 활동하다
1935년 6월 체포되고

한 달 뒤 세상을 떴다.

그리고 10여 일 뒤 윤희순은 항일 일생에 대한 기록(일성록)을 남기고

매사 시대를 따라 옳은 도리가 무엇인지 생각하며 살아가길 바란다.
- 자손들에게 훈계하는 글 중에서

눈을 감았다.

남자현은 1872년 안동에서 출생, 열아홉에 결혼했다.

1896년 남편이 의병투쟁에 나섰다가 전사하자

직접 의병이 되어 싸웠다.

이제 나라의 적이 나의 원수가 되었다.

저놈들과는 하늘을 함께하지 않겠다.

1919년 3·1을 경험하고는

김동삼 등 남편의 동지들이 있는 남만주로 망명했고

서로군정서의 여자 대원으로 활동했다.

1925년엔 직접 총독 암살단을 조직해 국내로 들어가기도 했다.

1931년 10월
김동삼이 체포됐을 땐

친척이라 속여 면회하면서
연락책 역할을 했으며

비록 실패로 끝났지만 국내
이송 전에 구출을 꾀했었다.

1932년 9월 국제연맹 조사단이
만주에 올 땐

손가락을 잘라 쓴 혈서를 조사단에 보냈다.

이듬해인 1933년,

만주국 건국 1주년
기념식장에서
일본전권대사를
격살하리라.

죽은 남편의 피 묻은
옷을 몸에 두르고

작탄을 몸에 지녀
중국인 노파로 분했다.

그러나

이봐요,
거기 할머니!

불심검문에 걸려 수포로 돌아가고 말았다.

3개월이 지나 그의 이야기는
신문에 크게 보도되었다.

망부의 복수를 하고자 무등 전권
암살 미수… 남자현이란 노파는
20년 전에 독립운동자인 자기 남편이
일본인의 손에 죽은 것에 한을 품고
여자의 몸으로 전후 20년 동안을 두고
조선과 만주를 걸쳐 드나들며,
독립운동에 종사하던 중…

남자현은 11일간 단식으로 항거하다 보석으로 석방된다.
하지만 오래지 않아 세상을 뜨고 말았다.

武藤大將謀殺犯
南慈賢女遂別世
斷食으로 極度로 衰弱한結果
廿二日哈爾賓에서
元山刑務所
脫走犯蹤跡杳然

신채호와 이회영

임정에 반대해 베이징을 무대로
활동했던 신채호와 이회영.

외교로 독립을?
말도 안 되는 소리!

점차 아나키즘으로 기울었다.

외교론도,
안창호의 준비론도
코민테른에 의존하는
공산주의도 우리의
길일 수 없소.

민족의 독립운동이란
민족의 해방과 자유의 탈환!
따라서 상하가 있는 조직은
또 다른 억압과 압제를
부를 것이오.

독립운동 자체도
운동자들의 자유합의에
기초한 조직이어야.

그러나 아나키즘운동은 그다지 세를 얻지 못했다.

민족주의

아나키즘

공산주의

어려운 환경 아래 이회영과 그의 동지들은
이상촌 건설에 많은 노력을 기울여왔다.

황무지를 개간해서
이상촌을 세우고
상호부조의 정신에 따라
운영하고 독립운동 기지로
성장시킨다.

이 대목에서 신채호는 생각이 조금 달랐다.

이상촌 건설은
한가한 생각,
독립은 오로지 폭력,
파괴, 암살로
민중을 일깨우고
민중이 무장해야만
가능해.

아나키스트로 활동하는 가운데 역사 연구와 집필을 게을리하지 않았고

이 시기 〈이두문 명사 해석〉, 〈삼국지 동이 열전 교정〉, 〈평양 패수고〉, 〈전후 삼한고〉, 〈고구려 신라 건국 연대에 대하여〉 등을 저술했죠.

홍명희의 부탁으로 신간회 발기인에 이름을 넣기도 했다.

절친의 부탁이니까.

1927년 아시아 6개국 120명의 아나키스트가 참가한 베이징의 무정부주의 동방연맹 창립대회에 참여하고

무정부주의동방연맹 창립

이듬해 텐진에서 한국아나키스트대회를 열었다. 대회는 신채호가 작성한 선언을 채택했다.

선언

우리의 세계 무산민중… 더욱 우리 동방 각 식민지 무산민중의 혈(血), 피(皮), 육(肉)을 빨고 파고 씹고 물고 깨물어 창자가 꿰어지려 한다. 배가 터지려 한다. 그래서 피들(彼等)이 그 최후의 발악으로 우리 무산민중 - 더욱 동방 각 식민지 무산민중을 대가리에서부터 발끝까지 바삭바삭 깨물어 우리 민중은 사멸보다도 더 음참한 불생존의 생존을 가지고 있다…

대회에서 결의한 활동을 위해선 자금이 필요했고, 활동가들은 외국환 위조 계획을 세웠다.

타이완인 린빙원(임병문)이 위조한 외국환을 우체국에 저축하면

각지에서 현금으로 인출하려 한 것. 린빙원이 다롄과 뤼순에서 2,000원 씩 인출해 나왔으나

완벽한 성공...

직후 발각되어 체포되었다.

가방 좀 열어보실까?

... 아니구나♪

이 사실을 모른 채 신채호는 일본을 거쳐 타이완으로 와서 인출하려다 체포되었다 (1928년 5월).

잠깐!

신채호는 10년 형을 선고받고 뤼순 감옥에 수감되었다.

수감 뒤에도 연구 활동을 멈추지 않았고,

예전에 집필했던 《조선사》, 《조선상고문화사》는 〈조선일보〉에 연재되었다.

1936년 2월 신채호는 감옥에서 뇌출혈로 쓰러졌고

이봐 왜 그래?

다시 일어나지 못했다. 향년 57세.

시신은 화장되어 고국으로 돌아와 묻혔습니다.

이회영도 1920년대 후반에 들어서자 새로이 힘을 내어 아나키즘운동에 적극 뛰어들었다.

나는야 60대, 혁명하기 딱 좋은 나이지.

이을규와 이정규 형제, 정화암, 류기석, 백정기 등 후배 무정부주의자들의 활동에 적극 힘을 실어주는 한편

중국 국민당과 손잡고 반공투쟁에 적극 나섰고,

1928.5 상해에서 재중국무정부주의자공산연맹을 결성했다오.

참고로 우린 이 시기에 있었던 유일당운동도 코민테른의 지령으로 보고 반대했소이다.

김좌진의 집안 동생인 김종진을 감화시켜

그로 하여금 김좌진을 설득해 재만조선무정부주의자연맹을 조직토록 했다.

재만조선무정부의자연맹

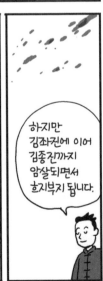

하지만 김좌진에 이어 김종진까지 암살되면서 흐지부지 됩니다.

1931년에 상하이로 가서 중국, 일본의 아나키스트들과 연대해 항일구국연맹을 결성하고,

산하에 직접행동조직인 흑색공포단을 조직했다.

흑색공포단 BTP
Black Terrorist Party

국민당 군대와도 밀접한 관계를 맺고 있는 중국인 활동가들이 재정을 지원하고 무기도 공급했다.

육군과 군수물자를 싣고 입항한 일본 수송선에 폭탄을 투척하고,

일본영사관 폭탄 투척 등의 행동들을 이어나갔다.

윤봉길의 훙커우공원 의거 때도 흑색공포단은 같은 일을 준비했었다.

내가 맡기로 했소만 출입증을 얻지 못해 훙커우 공원에 들어가지 못했다오.

윤의사가 성공해줘서 참 다행.

백정기

홍커우공원 의거 뒤 상하이에서의 활동이 어려워지자 이회영은 만주로 돌아갈 결심을 한다.

만주에서의 활동은 더욱 어렵겠지만 동포들이 많고 옛 동지들이 있는 곳!

중국국민당 간부인 중국인 활동가가 결심을 북돋운다.

한국인들이 만주에서도 윤의사와 같은 의거를 일으킨다면 중한 항일전선에 큰 기여가 될 것입니다.

무기와 자금은 조처해 드리겠습니다.

만주를 떠나온 지 10여 년,

후배들이 만류했지만

만주는 이미 적들의 점령지, 위험합니다.

그렇습니다. 예전의 만주가 아닙니다.

고향의 부인에게 짤막한 편지 한 통을 보내고는

부인 보시오. 새로운 곳으로 떠나니 답장하지 마시오. 그곳에서 안정이 되면 편지하겠소.

1932년 11월 다롄행 배 4등칸에 몸을 실었다.

다롄에 막 도착할 즈음 경찰들이 들이닥쳤다.

35년

체포되어 다롄경찰서에 구금된 이회영은
가혹한 취조 앞에 묵비권으로 일관했다.

이름 뭐야? 이름
분적은? 목적지는?
뭐라도 한마디
해 봐, 이영감탱아!

그리고 12일 뒤 세상과 작별했다.
향년 66세. 자살로 발표되었지만

감방 안에서
3척 길이의
노끈으로···

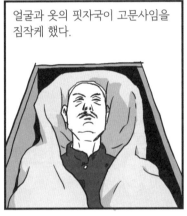

얼굴과 옷의 핏자국이 고문사임을
짐작케 했다.

그렇게 세상을
뜨실 줄 알았더라면
만주행을 기어이
말리는 건데···

그나저나 선생님께서
체포되선 정황이
이상하지 않소?

선생님이 그 배에,
그것도 4등 칸에
타고있었다는 걸
저들은 미리
알고 있었소.

밀정의 작용이
있지 않고선
불가능한 일이오.

그렇소. 우리 주변에
밀정이 있었던 거요.
선생님의 만주행을
알았던 사람은···

밀정을 알아냈다.
정화암, 백정기, 엄형순, 이규창은

밀정 이규서와 연충렬을 불러내 자백을 받아내고
처단했다.

이규창은
이회영의 아들이고

밀정 이규서는
이회영의 형
이석영의
아들이었다.

또 한 사람, 이들의 배후인 상하이 거류민회 회장
이용노의 처단엔 엄형순이 나섰다.

처단에 성공했지만
엄형순과 주위 경계를 맡았던
이규창이 현장에서 체포되었다.

둘은 국내로 압송되었고

엄형순에겐 사형이, 이규창에겐 13년 형이
선고되었다.

이규창은
해방이 되고 나서
출소했다.

부록

· 일러두기 ·

인명사전에 친일 반민족 행위자로 표기된 인물은

민족문제연구소에서 발행한 《친일인명사전》에 등재된 인물로,

인물 아래에 별도로 親 日 표시를 해두었습니다.

1931년

우리는

1월 10일 조선어연구회, 조선어학회로 개칭함

　　 30일 제1차 정평적색농민조합 사건으로
　　　　　 농민 125명이 검거됨

4월 　　 제1차 태평양노조 사건이 발생함

　　 10일 권대형 등, 조선공산주의자협의회를 조직함

　　 14일 신간회 경성지회 해소안이 가결됨

　　 18일 대한민국 임시정부,
　　　　　 삼균주의를 건국 원칙으로 천명함

　　 29일 제4차 간도공산당 사건 관련자 18명,
　　　　　 룽징에서 경성으로 호송됨

5월 16일 신간회, 해소됨

　　 23일 조만식·윤치호·안재홍 등, 유적보존회를 설립함

　　 29일 평양 평원고무공장 파업, 경찰에 의해 강제해산
　　　　　 당함(여직공 강주룡, 을밀대 위에 올라가 항쟁함)

6월 　　 제6대 총독 우가키 가즈시게가 부임함

　　　　 제1차 카프 사건이 발발함
　　　　 (박영희, 김기진, 임화 등 70여 명이 검거됨)

　　　　 〈동아일보〉, 브나로드운동을 전개함

　　 13일 광주학생운동 주동자 성진회 독서회원 85명,
　　　　　 대구복심법원에서 판결을 언도받음

7월 3일 인천 및 서울에서 완바오산 사건의 보복으로
　　　　　 중국인이 습격을 받음(전국으로 확산됨)

　　 12일 동북 화교단체, 한중 양 민족에 대한 일제의
　　　　　 음모를 폭로함

　　 23일 아동문학가 방정환, 사망함

8월 13일 강주룡, 병보석 후 사망함

　　 18일 경찰부장회의가 최초로 개최되어 사상 범죄를
　　　　　 준엄히 취체할 것을 협정함

　　 31일 국민부 중앙집행위원장 현익철, 펑톈에서 검거됨

10월 　　 이회영, 중국·일본인 아나키스트들과
　　　　　 항일구국연맹을 조직함

　　 5일 만주독립군 총사령관 김동삼, 하얼빈에서 검거됨

11월 　　 백정기, 흑색공포단을 결성함

세계는

1월 12일 인도, 영국의 지배에 저항하는
　　　　　 대규모 투쟁이 일어남

　　 25일 간디, 석방됨

2월 　　 국제연맹의 군축회의가 결렬됨

3월 4일 간디와 인도 총독 간의 협정 체결로
　　　　　 불복종운동이 중단됨

4월 1일 일본, 중요산업통제법을 공포함

　　 14일 에스파냐 제2공화국이 성립됨

　　 25일 타이완 우서족, 재봉기함

5월 1일 뉴욕 엠파이어스테이트빌딩이 개장함

　　 28일 중국에서 왕자오밍 등의 반장제스 연합
　　　　　 광저우 국민정부가 수립됨

6월 20일 미국 후버대통령, 모라토리엄을 선언함

　　 27일 관동군 나카무라 대위 피살 사건이
　　　　　 일어남

7월 　　 장제스 중국공산당, 홍군에 대한
　　　　　 제3차 소탕전을 개시함(~9월)

　　 2일 완바오산 사건이 발생함

　　 28일 중국국민당, 완바오산 사건과 조선 내
　　　　　 조선인의 폭동이 일본의 사주에 의한
　　　　　 것임을 밝힘

8월 8일 완바오산에서 일경이 철수함

　　 29일 프랑스·소련, 불가침조약을 가조인함

9월 18일 펑톈 남만주철도 폭파 사건이 발생함
　　　　　 (만주사변이 발발함)

　　 26일 상하이에서 10만여 명의
　　　　　 항일 대집회가 열림

2일 한국독립당, 지린성 오상현에서 중앙대회를
   개최함, 36개 군·구에 총동원령을 발포함
10일 재만 한국독립당, 한국독립군을 조직함
   (총사령 지청천)
30일 일제, 경북 경산 자인공립보통학교 등에
   한국어 사용 금지, 일본어 전용을 명령함
12월 3일 상해한인반제동맹 창립대회 개최
10일 박승빈, 조선어학회에 대립적 성격을 띤
   조선어학연구회를 창립함
11일 지청천, 홍진 등이 중국호로군 사령관 정초와
   한중항일연합군 편성
13일 김구, 한인애국단을 조직함
17일 한인애국단원 이봉창, 상하이를 출발함

30일 국제연맹이사회, 일본군의 만철
   부속지로의 철수 권고를 결의함
10월 18일 일본, 상하이에 육전대를 증파함
11월 6일 난징의 진링대학에서
   전국학생항일구국회 성립대회가 개최됨
7일 중화소비에트임시중앙정부가 수립됨
   (주석 마오쩌둥)
12월 일본, 금본위제 정지, 금 수출 재금지
   법령을 제정함
   웨스트민스터헌장에 의해 영국연방이
   수립됨
12일 난징에서 학생 1만여 명이 시위운동을
   전개함
15일 장제스, 하야함

1월 5일 신빈 사건으로 이호원·김관웅·이동산, 체포됨
7일 제주 해녀 항일운동이 시작됨
8일 이봉창 의거가 일어남
2월 15일 민생단이 창립됨
3월 김성수, 보성전문학교를 인수함
11일 조선혁명군 양세봉, 중국 의용군과
   신빈현 영릉가에서 일본군을 대파함
4월 18일 경성 버스 운전사 100여 명, 임금 인하와
   노동시간 연장에 항의하며 태업함
29일 상하이에서 윤봉길 의거가 일어남
   안창호, 윤봉길 의거 관련 혐의로
   상하이 프랑스 조계에서 검거됨
5월 제2차 태평양노조 사건으로 100여 명이 검거됨
10일 임정, 항저우에서 국무회의를 열고 개각을 단행함
25일 도쿄에서 개최된 제10회 LA올림픽 마라톤 최종
   예선대회에서 권태하 1위, 김은배 2위를 기록함
   상하이 일본 헌병대 제1회 군법회의에서
   윤봉길에게 사형이 선고됨
   해외 거주 교포 및 전 상하이 한교 일동 이름으로
   상하이 주재 프랑스총영사에 대한 항의문을
   발표함(안창호를 일본영사관에 넘긴 행위 사죄,
   프랑스 조계 안에서 일경 축출을 요구함)

1월 인도, 불복종운동을 재개함, 국민회의파
   를 비합법화하고 간디를 체포함
1일 장제스, 왕자오밍과 단합하여
   신국민정부를 수립함
3일 일본 관동군, 진저우를 점령함
20일 일본에서 파시즘연맹이 결성됨
28일 제1차 상하이사변이 발발함
2월 5일 관동군, 하얼빈을 점령함
29일 리턴조사단, 도쿄에 도착함
   (~9월 4일)
3월 1일 만주국 수립이 선언됨
4월 21일 리턴조사단, 만주에 도착함
26일 중화소비에트 정부,
   루이진에서 대일 선전포고를 함
   미쓰이와 미쓰비시, 만주국에 대한
   2,000만 엔 융자 계약에 조인함
5월 5일 일본과 중국, 송호정전협정을 체결함
15일 5·15사건이 발생함(이누카이 수상,
   육해군 청년장교에게 암살당함)
26일 일본 사이토 마코토 내각 성립

1932년

1933년

28일 사상범과 보통범의 분리 집행 결정으로
안창호, 구연흠, 최익한 등 사상수 32명이
대전 형무소로 이감됨

4월　1일 〈동아일보〉·〈중앙일보〉·〈조선일보〉,
한글 맞춤법 통일안에 의한 신철자법을 채용함

15일 한중연합군, 일만연합군 1개 사단을 격퇴함
(사도하자전투)

20일 조선혁명군사정치간부학교 1기생 26명, 졸업함

5월　　김구, 장제스와
뤄양 군관학교 한인특별반 설치를 합의함

8일 한중연합군, 만주 영릉가전투를 치름

11일 각 도 고등경찰과, 불온작가명부를 작성하고
사상 전환 계획을 수립함

7월　　이재유, 이현상·이순금·변홍대 등과
적색노조를 조직함

3일 한중연합군, 대전자령전투에서 압승함
(일본군 무기를 다수 노획함)

8월 22일 남자현, 사망함

31일 총독부, 대학 및 전문학교에 사상감독관을
배치함

9월　　동녕현성전투가 벌어짐

18일 동북인민혁명군 제1군 제1독립사가 조직됨

21일 서울 종연방직 여공 500여 명, 파업함
(지도 이효정)

10월　　지청천 이하 재만 독립군 간부 일행,
중국 관내로 들어감

13일 재만 한국독립군 33명, 중국 오의성부대
습격으로 구금됨

17일 종연방직 파업 관련하여 이효정 등, 체포됨

29일 조선어학회, 한글 맞춤법 통일안을 확정함

11월　2일 관동군 사령관을 암살하려다 검거된
한인애국단원 유상근과 최흥식,
다롄재판소에서 각각 무기징역, 징역 10년을
선고받음

21일 전조선농업자대회(지주 측),
소작령 반대를 결의함

* 이 해에 백남운, 《조선사회경제사》를 발간함

27일 독일에서 국회의사당 방화 사건이
일어남

3월　4일 루스벨트, 미국 대통령에 취임함
독일 총선거에서 나치당이 제1당이 됨

9일 독일공산당, 비합법화됨
미국, 특별의회를 소집하여
뉴딜 법안들을 제정함

23일 독일에서 전권위임법이 통과됨

27일 일본, 국제연맹을 탈퇴함

29일 일본, 미곡통제법을 공포함

5월　　루스벨트, 테네시강 유역 개발공사
(TVA)를 설립함

2일 히틀러 정부, 노동조합을 금지시킴

31일 관동군과 중국군, 탕구정전협정을 체결함

6월　　코펜하겐에서 세계반전대회가 개최됨
미국에서 금본위제 정식이탈법안이
상하 양원을 통과함

16일 독일에서 전국산업부흥법이 제정됨

7월 20일 일본, 만주 이주민 계획을 발표함

8월　9일 일본, 제1회 관동 지방 방공대연습을
실시함

9월 15일 일본, 불온사상 예방 진압 취체 강화
방침을 결정함

30일 상하이에서 극동반전·반파시즘대회가
개최됨

10월　　독일, 국제연맹을 탈퇴함
에스파냐 프랑코, 파시스트 정당인
팔랑헤당을 결성함

13일 일본, 외미 수입제한령을 공포함

11월　　캘커타에서 인도공산당 중앙위원회가
개최됨

17일 미국, 소연방을 승인함

23일 중국 푸젠 인민정부가 수립됨

29일 소련·프랑스, 불가침조약에 조인함

* 이 해에 에른스트 루스카, 전자현미경을 개발함
독일, 아우토반 건설을 시작함
졸리오 퀴리, 인공방사능을 만들어냄
아인슈타인·토마스 만 등, 미국으로 망명함

1월 16일 김병로와 여운형 등,
조선소작령제정촉진회를 조직함

2월 중국중앙군관학교 뤄양분교에 한인특별반이
설치됨
뤄양 군관학교에 한인 92명이 입교함

9일 일본의 쌀 수입통제에 반대해
전국에서 조선미옹호기성회가 조직됨

16일 독립운동가 이석영, 사망함

25일 한국독립당(만주) 홍진·한국혁명당(난징)
윤기섭, 신한독립당으로 통합함

3월 동북인민혁명군 제2군 독립사가 결성됨

3일 한국독립당 강병학, 상하이 홍커우공원에서 열린
상하이사변 전몰자 초혼제에 참석한
일본 고관에게 폭탄을 투척했으나 실패함

4월 조선총독부, 조선농지령을 공포함
연길헌병대가 조직됨

5일 최현배, 《중등조선말본》을 간행함

14일 이재유, 서대문경찰서에서 탈출함

5월 신건설사 사건이 발생함
(제2차 카프 사건으로 60여 명이 검거됨)

11일 진단학회가 창립됨

6월 5일 백정기 의사, 종신형 복역 중 옥중에서 순국함

29일 임정 국무위원 김철, 급성폐렴으로 항저우에서
사망

7월 5일 경남교원노동조합 조직 사건으로 김두영 등
20명, 선고 공판을 받음

8월 12일 조선혁명군 총사령 양세봉, 밀정 박창해의
음모로 일본군의 습격을 받고 전사함

21일 한강 인도교 공사 시작(1936년 10월 개통)

9월 간도협조회가 조직됨

17일 임정, 최린의 중추원 참의 임명 반대 성토문 발표

10월 10일 임정 교통총장을 역임한 문창범, 사망함

20일 조선농지령 시행

29일 논산 양촌면 소작인 17명, 지주의 소작료 7할
요구에 반발, 조정 신청서 제출

11월 최린, 친일단체 시중회를 조직함
제4차 태평양노조 사건이 일어남

1월 푸젠 인민정부,
국민당군 총공격으로 괴멸됨

10일 일본 척무성, 한인 만주 이민정책 적극
실시안을 발표함

20일 일본 척무성, 조선미 통제 방침을
결정함

26일 독일·폴란드, 불가침조약에 조인함

31일 일본, 군수공업 감독제를 실시함

2월 6일 일본 척무성, 조선미 통제를 위한
협의회에서 외지미 통제안을 결정함

9일 그리스·터키·유고·루마니아,
발칸협상에 조인함

3월 1일 일본, 푸이를 황제로 하여
만주국 제정을 실시함

4월 중국공산당, '전국 민중에게 고하는 글'을
발표하여 6대 강령 제시

25일 일본, 사상 검사 제도를 도입함

5월 인도에서 네루를 중심으로 국민회의파
사회당이 건설됨

3일 중국민족무장자위위원회 송경령 등,
대일 작전을 선언, 발표함

29일 미국, 쿠바 독립을 승인함

6월 1일 일본 문무성, 사상국을 설치함

30일 히틀러, 룀·슐라이허 등을 숙청함
(룀 사건)

7월 25일 오스트리아 빈에서 나치 반란이 일어남
(돌푸스 수상, 암살됨)

8월 히틀러, 총통직에 오름

9월 4일 일본·만주·소련, 수로협정에 조인함
나치당 전국 당대회가 개최됨
(레니 리펜슈탈의 영화
〈의지의 승리〉의 배경이 됨)

18일 소련, 국제연맹에 가입함

10월 15일 중국공산당, 대장정을 시작함
(~1935년 11월 7일)

11월 1일 만주 특급 아시아호,
다롄-신경 운행을 시작함

11일 조선혁명군, 국민부와 통합하여
조선혁명군정부를 조직함

26일 조선혁명군 4명, 만주 흥경현 왕청문에서 만주군
40여 명과 교전

28일 진단학회, 〈진단학보〉 창간

12월　김구, 한인특별반 한인 재학생 등으로
한인특무대독립군을 조직함

* 이 해에 고복수, 〈타향살이〉를 발매함
경성방송국에 관현악단을 설치함

12월　3일 일본 각의, 워싱턴조약 단독 폐기를
결정함

19일 일본, 런던군축회의 예비교섭을
결렬시킴

29일 일본, 워싱턴 해군 군축조약 파기를
미국에 통고함

1월　　심전개발운동이 전개됨

8일 조선어표준어사정위원회, 4,500개 어휘를 선정함

24일 조선인민혁명군의 국내 진공 및 공작을
막기 위해 국경선에 경찰 2,700여 명,
평북에 비행경찰대가 배치됨

31일 이동휘, 블라디보스토크에서 사망함

2월　2일 지석영, 사망함

10일 안창호, 대전 형무소에서 가출옥함

24일 중국공산당, 반민생단 투쟁으로 지난 3년간
조선인 항일운동가 500명 이상을 처단했다고
보고함

3월　1일 한국독립당, 대일전선통일동맹 대표회의
불참을 선언함

25일 《고종실록》,《순종실록》 편찬이 완료됨
흑색공포단 이규호·정화암·엄순봉, 상하이에서
조선인거류민회 부회장 친일파 이용로를 처단함

4월 22일 카프, 일제의 강압으로 해체를 결의함

24일 양주동, 이희승, 이극로 등 조선음성학회 창설

27일 김정연, 이성덕 제4회 동계올림픽 빙상 일본대표
선수로 선발됨

5월 30일 상하이에서 체포된 이규호와 엄순봉,
한국으로 압송됨
민생단 사건으로 동북인민혁명군 제2군 독립사
개편

6월　7일 경무국, 해외파견원회의 열고 재외한인의
폭력근절책 및 사상 문제 토의

1월 10일 국제연맹, 일본의 남양군도 위임통치를
계속 승인함

13일 중국공산당 대장정 중 구이저우성
준이에서 확대중앙정치국회의 개최하여
마오쩌둥의 지위 확립
자를란트 지방이 주민 투표로 독일 복귀
결정

22일 일본 귀족원, 천황기관설을 문제시함

2월 18일 기쿠치, 귀족원에서 미노베의
천황기관설을 공격함

3월 16일 독일, 베르사유조약 군비제한 조항을
폐기하고, 재군비선언을 함

21일 페르시아, 국명을 이란으로 개칭함

23일 일본 중의원, 국체명징결의안을 가결함

4월　1일 중국 장제스, 국민경제건설운동을
제창함

11일 영국·프랑스·이탈리아,
독일의 재군비선언을 비난함

5월 11일 일본 내각심의회, 내각조사국을 설치함

21일 독일, 징병령을 공포함

29일 홍군, 루딩교전투를 치름

6월　7일 주난징 일본총영사, 중국 국민정부를
방문하여 재중 한국 독립단체에 대한
지원 중지를 요청함

24일 일본노동조합총연합, 일본주의로 전향함

12일 인천 부두노동자 5,000여 명,
　　　임금 문제 해결을 요구하며 동맹파업을 행함
7월　임정 국무위원 양기탁·김규식·조소앙·최동오·
　　　유동열의 민족혁명당 입당으로 송병조, 차이석
　　　만이 명맥을 유지함
　　5일 의열단, 한국독립당, 조선혁명당, 신한독립당,
　　　대한독립당 등 5개 단체, 민족혁명당을 창당함
　13일 진남포제련소 직공 1,200여 명, 총파업에 들어감
8월　고등보통학교에 현역 장교를 배치하여 강제 군사
　　　훈련을 실시함
　13일 심훈의 《상록수》가 〈동아일보〉 문예 현상
　　　공모에 당선됨
9월　조선총독부, 각 학교에 신사참배 강요
　25일 조소앙·박창세 등, 한국독립당재건선언을
　　　발표함
　30일 전국의 라디오 청취자 총 45,415명 중
　　　한국인 11,758명, 일본인 33,383명
10월　1일 조선총독부, 조선 통치 25주년 기념식을 거행함
　　　대전·광주·전주읍, 부로 승격됨
　17일 〈조선일보〉 자매지 〈조광〉이 창간됨
　22일 정의부, 국민부, 조선혁명당에서 활동한 김준택,
　　　옥사에서 순국함
　　　무용가 최승희, 도쿄에서 신무용발표회를 개최함
　27일 각도학무과장, 시학관, 중등학교장 등 400여 명,
　　　제13회 조선교육회 총회에서 '국체관념
　　　함양진작의 구체적 방안'을 협의
11월　이동녕·김구·이시영 등, 한국국민당을 조직함
　　1일 부산-안동-만주 간 초특급열차 노조미의
　　　운행이 개시됨
12월　3일 시인 김소월, 사망함
　10일 대구약령시 개시
* 이 해에 이난영 〈목포의 눈물〉이 발매됨

28일 프랑스 공산당·사회당·급진사회당 등,
　　　인민전선을 결성함
7월　5일 미국, 와그너노동법
　　　(노동조합보호법)을 제정함
　11일 우가키 총독, 일본 외상과 한국인 만주
　　　이민정책 협조 건을 협의함
　15일 일본, 일본·만주 경제공동위원회
　　　설치 협정에 조인함
　25일 모스크바에서 제7회 코민테른이
　　　개최되어 인민전선 테제가 채택됨
8월　미국, 사회보장법을 제정함
　　1일 중국공산당, 항일 구국 통일전선을
　　　제창함
　　2일 영국 왕, 인도통치법을 재가함
　29일 일제, 식민 통치 25주년을 구실로
　　　내선일체를 강요함
9월　일제, 각급 학교에 신사참배를 강요함
　15일 독일, 반유대 뉘른베르크법을 공포함
10월　1일 일본, 타이완 자치제를 실시함
　　3일 이탈리아, 에티오피아를 침공함
　27일 일본재향군인회,
　　　천황기관설 배격선언을 함
11월　1일 왕자오밍, 항일파 신문기자에게
　　　저격당함(친일파, 후퇴함)
　　4일 필리핀연방공화국이 성립됨
　　　(초대 대통령 케손)
12월　9일 베이징 학생연합을 중심으로
　　　반제구국시위가 전개됨

고복수
1911~1972

대중가요 가수. 울산 출신으로, 선교사에게 노래를 배웠으며 1932년에 콜럼비아레코드사에서 주최한 전국 남녀가수 신인 선발대회에서 2위에 입상해 가요계에 데뷔했다. 1934년 손목인 작곡의 〈타향〉(후일 〈타향살이〉로 개칭됨)과 〈사막의 한〉을 불러 인기 가수가 됐고, 1939년까지 오케레코드사의 전속 가수로 활약하면서 〈짝사랑〉, 〈휘파람〉, 〈이원애곡(梨園哀曲)〉, 〈풍년송(豊年頌)〉 등을 불러 인기를 얻었다. 1950년 한국전쟁 때 북한군에 붙잡혀 의용군에 강제 입대했으나 국군에게 구출돼 군예대에서 활동하기도 했다. 1957년 가요계에서 은퇴하고, 1959년에는 우리나라 최초의 가요 학원을 운영하며 이미자 등을 배출했다.

권덕규
1890~1950

국어학자, 역사학자. 경기도 김포 출신으로, 1910년 휘문의숙에 입학해 주시경의 가르침을 받았으며, 조선광문회에도 참여해 한글과 역사 관련 고서를 많이 섭렵했다. 1920년대에는 휘문학교, 중앙학교, 중동학교 등에서 국어 및 국사를 가르쳤으며 조선어연구회에도 참여해 한글 맞춤법 통일안 제정위원, 조선어 철자위원회 위원, 조선어학회의 표준어 사정위원, 《조선어사전》 편찬위원 등으로 활동하며 일제강점기 한글 연구에 큰 역할을 했다. 1933년에는 한글 맞춤법 통일안을 위해 공헌한 조선어학회 위원 18명 중 1명으로 선정되기도 했다. 역사 연구에도 힘을 기울여 《조선유기》, 《조선유기략(朝鮮留記略)》 등을 저술했다. 1942년 조선어학회 사건으로 체포됐으며 지병 악화로 석방됐다. 2019년 건국훈장 애국장 수훈.

김갑
1888~?

독립운동가. 부산 출신으로, 1919년 대한민국임시정부에 참여해 임시정부 의정원 경상도의원, 법무부 차관, 법무총장 대리, 노동총판 등을 역임했으며, 1926년 국무령 김구를 중심으로 한 지도체제의 내각에 참여해 국무원에 임명됐다. 1927년 임시정부의 약헌 기초위원회 위원으로 개헌 작업에 참여하고, 1929년 3월에는 이동녕, 조소앙, 김구 등과 한국독립당 창당에 참여했다. 1986년 건국훈장 독립장 수훈.

김능인
1910~1937

대중가요 작사가. 황해도 금천군 출신으로 1930년대 초반 대중가요계에 데뷔, 1934년 손목인 작곡의 〈타향살이〉의 가사를 지은 이후 〈불사조〉, 〈휘파람〉, 〈사막의 한〉, 〈관서천리〉 등 많은 노래의 가사를 만들었다.

김동한
1892~1937

親日

친일 반민족 행위자. 1910년 만주로 망명해 한민회에서 활동했으며 1911년에는 러시아 블라디보스토크로 이주해 권업회에서도 활동했다. 1916년에는 러시아 이르쿠츠크에서 2년제 사관학교 졸업 후 러시아군 장교로도 복무했다. 러시아혁명 이후에는 러시아공산당에 가입해 모스크바 정치학교를 수료한 이후 고려공산당 군사부 위원 등 여러 활동을 했다. 그러나 1921년 당내에서 반유태인 운동을 벌이다 공산당에서 제명되고 투옥됐다. 석방 이후에는 중국 군벌 우페이푸 휘하에서 활동했고, 1924년 소련군에게 체포, 일본영사관으로 인도됐다. 이후 전향해 1934년 간도협조회를 만들고 회장이 됐다. 간도협조회 회장 시절에는 일본 헌병대 지휘 아래 항일유격대 조직 파괴 및 토벌 등 적극적인 친일 활동을 벌였다. 특히 이 시기 만주에서의 중국공산당 내 반민생단 투쟁 상황을 이용해 중국공산당 및 동북항일연군 내부에 대한 이간공작으로 반민생단 투쟁을 더욱 심화시켜 조직 내에서 수많은 사람들이 억울하게 처형당하게끔 공작했다. 이로 인해 수천 명의 독립운동가들과 유격대원들이 살해되거나 일제에 체포되고 투항했다. 1937년 동북항일연군 제11군 정치부 주임 김정국에 대한 포섭공작을 실시하다 역으로 김정국 부대에 처단됐다.

김삼룡
?~1950

사회주의자. 충청북도 충주 출신으로 보통학교 졸업 후 서울의 고학당으로 진학했다. 그곳에서 각종 사회과학 서적들을 통해 사회주의를 접하게 됐으며 이후 고려공산청년회 소속으로 지도회를 조직하다 1930년에 체포되어 1년 형을 선고받았다. 출옥 이후 1934년 이재유, 이관술, 이현상 등과 함께 경성트로이카에 참여해 공산당 조직 재건운동을 벌였다가 이재유 체포 이후 고향에서 은신했다. 1939년 경성콤그룹이 결성되자 조직부장 겸 노동부장으로 활동했고, 1940년에 경성콤그룹이 적발되자 체포됐으며, 전주 형무소에서 복역 중 해방을 맞아 출옥했다. 1945년 8월 21일에 옛 경성콤그룹 출신들을 모아 조선공산당 재건준비위원회를 조직했으며 9월에는 이를 바탕으로 조선공산당 재건에 앞장서 조직국 간부를 맡았다. 1946년에는 조선공산당, 조선인민당, 남조선신민당이 합쳐져 남조선노동당(남로당)이 건설되자 조직부장을 맡아 당조직 강화에 힘썼다. 남로당 당수였던 박헌영이 월북하고 대한민국 정부 수립 이후 남로당이 불법화되자 이주하와 함께 지하활동을 하다 1950년 체포됐다. 북한은 조만식과 이주하, 김삼룡을 교환하자는 제의도 했으나 한국전쟁 발발 직후 국군에 총살됐다.

김옥련
1907~2005

해녀. 제주도 출신으로, 혁우동맹 산하 하도강습소 제1기 졸업생이다. 야학을 통해 민족 교육을 받았다. 1932년 제주 해녀 항일운동에 주도적으로 참여했다가 체포됐고, 6개월간 투옥됐다. 2003년 건국포장 수훈.

김우진
1897~1926

극작가, 연극 이론가. 전라남도 장성 출신으로, 1924년 일본 와세다대학 영문과를 졸업했다. 대학 시절 일본에서 극예술협회를 만들었으며 졸업 후에도 고향에서 시, 희곡 창작, 평론에 몰두해 48편의 시와 5편의 희곡, 20여 편의 평론을 썼다. 이후 소프라노 윤심덕과 함께 도피하다가 현해탄에서 자살했다.

김원묵
1891~1972

독립운동가. 충남 예산 출신으로, 광복회 충청도지부에서 활동했다. 1918년 도고면장 박용하를 처단하는 과정에 광복회원들에게 편의를 제공하고 박용하 처단에 사용한 권총을 숨겨주었다. 이 사건으로 일제 경찰에 체포돼 1919년 2월 공주지방법원에서 6월형을 선고받고 옥고를 치렀다. 1983년 대통령 표창, 1990년 건국훈장 애족장 수훈.

김일성
1912~1994

사회주의자, 조선민주주의인민공화국 주석. 본명은 김성주, 평안남도 대동군 출신이다. 1919년 부모를 따라 만주 지린성 무송으로 이주해 1927년 지린 육문중학교에 입학했다. '조선 공산주의자 청년동맹'에 참여한 것이 발각되어 6개월간 투옥됐고, 1931년 중국공산당에 입당해 안도현에서 항일유격대 활동을 했으며 1934년 동북인민혁명군의 제3단 정치위원이 됐다. 1930년대 중반 만주 지역 중국공산당 내부에서는 반민생단 투쟁으로 많은 조선인 간부들이 체포, 처형되거나 일제에 투항함으로써 급격한 세대교체가 이뤄졌는데, 이때 반민생단 투쟁 대상에서 제외된 김일성의 지위가 급격히 상승됐다. 1936년 조국광복회를 조직해 국내에 지하조직을 건설하는 공작을 했고, 1936년 동북인민혁명군이 동북항일연군으로 재편되자 제1로군 소속 제2군 6사장이 됐다. 1937년 조국광복회 조직과 연계해 함경남도 갑산군의 보천보를 공격하고, 1940년 두만강의 지류인 홍기하에서 일본군과 전투를 벌이기도 했다. 이후 일본 관동군의 대대적인 토벌 작전으로 궤멸 상태에 빠진 동북항일연군 지도부가 소련으로 근거지를 옮길 때 함께 이동했다. 소련 극동군사령부 휘하의 교도여단인 제88 특별여단으로 편입됐는데, 김일성은 대위 계급으로 제1대대장이 됐다. 그리고 하바롭스크 근교에 주둔하면서 훈련과 교육을 받았으며, 소련이 대일 참전을 앞두고 조선공작단을 구성하자 단장이 됐다. 1945년 9월 일본이 항복하자 소련 군함을 타고 원산항에 상륙, 조선공산당 서북5도 당원 및 열성자 대회에 참석해 조선공산당 북조선분국의 창설을 주도하고 10월에 책임비서로 선출됐다. 1946년에는 북조선 임시인민위원회 위원장이 됐으며, 조선공산당과 조선신민당이 통합해 북조선노동당이 창설됐을 때는 중앙위원회 부위원장이 됐다. 1947년 북한 지역의 임시정부로 수립된 북조선 인민위원회 위원장이 됐으며, 1948년 9월 9일 조선민주주의인민공화국이 수립된 뒤에는 내각 수상으로 선임됐다. 1949년 북조선노동당과 남조선노동당이 통합해 조선노동당이 결성됐을 때 중앙위원회 위원장이 됐다. 1950년 한국전쟁을 일으켰으며 전쟁 중 군사위원회 위원장과 인민군 최고사령관으로 군사작전과 전시 동원 체제를 통괄했다. 1956년 제3차 당대회에서 당위원장으로 선출됐으며, 이후 당 내에 잠재해 있던 각 계파 간 대립과 갈등이 한층 표면화되자 연안파와 소련파, 갑산파 등을 모두 제거하고 일인 지배체제를 확립했다. 1965년부터 주체사상을 제창하면서 전통적인 마르크스-레닌주의와 구분되는 독자 노선을 강조하기 시작했고 1966년 비서국 총비서 자리에 올라서는 주체사상을 북한의 유일한 지도 이념으로 강조했다. 1972년 헌법을 새로 제정해 내각 수상보다 훨씬 강력한 권한을 갖는 국가주석의 자리를 새로 만들어 취임했으며, 1977년에는 국가의 공식 이념을 마르크스-레닌주의에서 주체사상으로 바꾸었다. 1980년대에 들어서는 아들인 김정일로의 세습체제의 기반을 닦아 1992년 김정일을 원수로 추대하고 자신은 대원수의 자리에 올랐으며, 1993년 국방위원회 위원장직을 김정일에게 물려주었다. 1994년, 당시의 대통령 김영삼과 남북정상회담을 개최하기로 합의했으나 7월 8일 심장마비로 사망했다.

김일환
1902~1934

독립운동가. 본명은 김용석, 강원도 양양군 출신이다. 1910년 가족을 따라 만주 지린성 허룽현(화룡현)으로 이주해 룽징(용정) 동흥중학교를 졸업했다. 대성촌에서 교사 생활을 하는 한편 1930년 5월 허룽현과 옌지현(연길현) 일대에서 일어난 반제·반봉건운동에 참가하던 중 중국공산당에 입당하고 허룽현위원회 서기가 됐다. 1933년 11월 친일 주구 자치단체인 민생단원 혐의를 받아 서기직을 박탈당한 이후에도 계속 활동했으나 1934년 같은 혐의로 중국공산당에 체포돼 11월에 열린 대중 재판에서 사형선고를 받았다. 대중들의 변호로 석방되나 석방 직후 중국인 동료들에 의해 비밀리에 살해됐다.

김정하
1897~1938

사회주의자. 함경북도 이원 출신이며 이동휘의 사위다. 1923년 상하이에서 개최된 국민대표대회에 고려공산청년회 대표로 참가했다. 1929년 서울에서 조선공산당 조직준비위원회 결성에 참여하고 위원이 되나 해외와의 연락을 위해 블라디보스토크로 철수했다. 1932년 11월부터 1934년 5월 무렵까지 모스크바 동방노력자공산대학 내 조선민족부 교관을 지냈다.

김종진
1901~1931

독립운동가. 충청남도 홍성 출신으로, 백야 김좌진의 육촌 동생이다. 1919년 3·1혁명 때 홍성에서 시위를 주도하다 체포됐으며, 1920년 만주로 망명해 무기를 국내에 반입하려다 실패했다. 1921년 윈난성 군관학교에 입학해 4년간 군사훈련을 받았으며, 1927년 김좌진과 함께 신민부에서 활약했다. 1929년 7월 재만 동포의 자치 기구인 한족총연합회를 조직하고 조직·선전·농무부 위원을 역임했다. 1930년 베이징에서 개최된 재중국조선무정부주의자대회에 북만주 대표로 참가해 우리 민족의 연합운동에 진력했으나 1931년 중동선 해림역 부근에서 공산당원에게 암살됐다. 1968년 대통령 표창, 1977년 건국포장, 1990년 건국훈장 애국장 수훈.

김형선
1904~1950

사회주의자. 경상남도 마산 출신이다. 조선의용대에서 활동하며 '백마 탄 여장군'으로 유명한 김명시와 1930년대 부산과 진해 일대에서 적색노조 활동을 하고 이후에는 마산 지역에서 언론인으로 활동한 김형윤 등 3남매가 모두 사회주의 계열에서 활동했다. 마산공립보통학교 졸업 이후 부두노동자 생활을 하며 사회주의 사상을 접하고, 1923년 결성된 마산의 사회주의 사상단체인 혜성사에 가입했으며, 1924년에는 고려공산청년회와 연계해 마산공산당을 조직했다. 1925년 조선공산당 조직 이후에는 조선공산당 마산 조직을 맡았으며 〈조선일보〉 마산지국도 운영하는 등 경남 지역에서 언론 활동과 노동운동을 전개했다. 1926년 제2차 조선공산당 체포 때 중국으로 망명, 중국공산당원이 됐으며 1931년에 중국공산당의 지시로 국내에 잠입, 활동하다가 1933년 체포돼 8년 형을 선고받았다. 해방 이후에는 여운형이 이끄는 조선건국준비위원회에 참여했다가 조선공산당 재건에 참여하고, 1946년에는 민주주의민족전선 중앙위원이 됐다. 한국전쟁 이후 월북 중 폭격으로 사망했다.

김형직
1894~1926

독립운동가. 김일성의 아버지이며, 평안남도 대동 출신이다. 1913년 평양 숭실학교를 졸업하고 순화학교와 명신학교에서 교사 생활을 했다. 1917년 평양 숭실학교 재학생 및 졸업생이 중심이 된 항일 독립운동단체인 조선국민회에 가입했다가 일제 경찰에 체포되어 투옥됐다. 석방 후에는 만주 린장에 정착했다. 이후 생계를 위해 순천 의원을 차려 한약사로 일했는데, 김일성은 당시 아버지가 가짜 졸업증을 걸어놓은 돌팔이였다고 회고했다.

김호반
1902~?

사회주의자. 강원도 통천 출신으로, 1911년에 연해주로 이주했다. 1921년 러시아 공산당에 가입하고, 1925년 국내 공산주의 운동을 지원하기 위해 잠입했으며, 고려공산청년회 경상남도 책임자가 됐다. 1926년에는 조선공산당 경상남도 중앙위원이 됐다. 1927년 일제의 검거를 피해 블라디보스토크로 피신했다가 1930년 국내로 다시 잠입해 함경남도의 적색노동조합운동에서 주도적인 역할을 했다. 1931년 4월 일명 태평양노동조합 사건 때 체포돼 7년 형을 선고받았다.

김홍일
1898~1980

독립운동가. 평안북도 용천 출신으로, 왕웅, 왕일서 등의 중국 이름도 사용했다. 1919년 오산학교 졸업 후 잠시 황해도 경신학교에서 교사로 근무하던 중 비밀결사를 조직하려 했다는 죄로 고문을 당하고 중국으로 망명했다. 1920년 귀주의 육군강무학교를 졸업하고 독립군에 가담했으며, 만주에서 일본군과의 전투에 참여했다. 1926년 자유시참변 이후 중국 국민혁명군에 참여해 1945년 국민당군 중장(2성 장군)에 이르기까지 일선 사단장과 참모 등 요직을 거쳤다. 특히 상하이 병공창 군기처 주임으로 복무하던 1932년에 이봉창 의사와 윤봉길 의사의 의거에 사용된 폭탄을 제조해 김구에게 제공하는 등 독립운동에 크게 기여했다. 1945년에는 광복군 참모장으로 활동했고, 해방 이후 계속 중국군에서 복무하다 1948년에 귀국했다. 귀국 후 바로 육군 준장에 임명돼 육군사관학교장 등을 역임했고, 한국전쟁 발발 이후에는 한강 방어선 지휘관, 육군 제1군단장 등을 거쳤으나 이승만과 이범석계의 대립에 휘말려 1951년 예편했다. 이후 주중대사 등을 거쳐 1961년 5·16쿠데타 이후에는 군사정부의 국가재건최고회의 의장고문, 군정 외무부 장관 등을 역임했다. 1965년 한일회담 이후 박정희와 결별하고 국회의원, 신민당 당수로서도 활동했다. 1962년 건국훈장 국민장 수훈.

김활석
?~?

일명 김호석이라고도 했다. 조선혁명군에 가입해 활동하다 1934년 조선혁명군 총사령관인 양세봉이 중국 지린성 환인현에서 일본군의 속임수에 빠져 전사하자 그를 대신해 총사령을 맡았다. 같은 해 말, 국민부·조선혁명당·조선혁명군이 통합돼 조선혁명군 정부가 조직되자 군사 책임자인 군사부 부장에 임명됐다. 1935년 중국 자위군 왕봉각부대와 합작, 한중항일동맹회를 조직하고 항일전을 수행하나 조선혁명군 수반, 한중항일동맹회 정치위원장 고이허가 체포되자 다시 조직을 일으키고자 하던 중 1938년 일본군에 체포됐고, 그 뒤 조선혁명군은 해체됐다.

나운규
1902~1937

영화배우, 감독. 호는 춘사이며, 함경북도 회령 출신으로 1918년 간도의 명동중학교에 입학했다. 1919년 3·1혁명 당시 명동중학교 출신들이 주도한 회령 지역 만세운동에 가담했다. 이후 간도에서 독립운동단체인 도판부에 가입해 활동하다 도판부에서 기획한 '청회선 터널 폭파 미수 사건'의 가담자로 체포돼 2년 형을 선고받았다. 출옥 이후 1924년 1월, 북부 지역을 순회하던 극단 예림회의 회령 공연 때 예림회에 가입해 연극배우 생활을 시작했다. 예림회 해체 이후 1924년, 부산의 조선키네마주식회사에서 제작한 영화 〈운영전〉의 가마꾼으로 영화에 데뷔했다. 1925년에는 윤백남의 백남프로덕션에서 제작한 〈심청전〉에서 주연급인 심봉사를 연기하며 연기력을 인정받았다. 1926년에는 직접 영화 〈아리랑〉을 제작했는데, 각본, 감독, 주연의 1인 3역을 수행하며 영화의 흥행에 크게 기여했다. 이후에도 〈임자 없는 나룻배〉, 〈아리랑 3편〉 등의 영화에 출연했고, 폐결핵으로 35세에 사망했다. 영화계에서 활동한 15년 동안 29편의 작품에 시나리오, 감독, 배우 등으로 참여했으며 직접 각본·감독·주연을 맡은 영화가 15편으로, 나운규는 초기 한국 영화계에서 시나리오 작가, 감독, 배우로서 큰 위치를 차지하고 있다.

남자현
1872~1933

독립운동가. 경상북도 영양 출신으로, 19세 때 김영주와 결혼하나 1895년에 의병으로 활동하다 전사하자 유복자와 시부모를 봉양했다. 1919년 3·1혁명 이후 아들과 함께 만주로 망명, 서로군정서에 가입하고 독립운동에 참여했으며 이후 북만주 일대에 12개의 교회를 세우고, 10여 개의 여자 교육회를 만들어 여성 교육에도 힘썼다. 1925년에는 조선 총독 사이토를 암살하기 위해 국내로 잠입하나 뜻을 이루지 못하고 만주로 돌아갔다. 이후 만주 지역 독립운동단체들의 통합운동이 일어나자 각 단체를 돌며 통합의 필요성을 알리기도 했다. 1928년 지린에서 안창호, 김동삼 등이 중국 경찰에 체포되자 중국 당국에 적극 항의해 석방을 이끌었으며, 1931년 김동삼이 일경에 체포되었을 때도 구출을 시도하나 실패하고 말았다. 1932년 일본이 만주를 침략하자 국제연맹에서 리턴을 대표로 하는 조사단을 만주에 파견했을 때 일제의 침략을 알리기 위해 왼손 무명지를 자르고 손수건에 싸 조사단에게 전달을 시도하나 실패하고, 1933년 만주국 성립 1주년을 기해 주만주국 일본대사이자 관동군 사령관인 무토 노부요시를 암살하기 위한 계획에 참여해 무기를 지니고 창춘으로 가는 도중 일본 형사에게 체포됐다. 이때 옷 안에 전사한 남편의 피 묻은 옷을 입고 있었다고 전해진다. 6개월 투옥 기간 중 고문과 단식투쟁이 이어져 병보석으로 석방되나 사망했다. 1962년 건국훈장 대통령장 수훈.

문명기
1878~1968
親日

친일 반민족 행위자. 기업인 겸 관료로 대한제국 말기 생선 장수로 돈을 모은 뒤 1910년부터는 제지업으로, 1920년대부터는 광산업으로 큰돈을 벌었다. 상인 시절 경찰서장에게 고등어를 뇌물로 바쳤는데, 이때 고등어의 일본 말인 '사바'가 청탁을 뜻하는 사바사바의 어원이 됐다는 이야기도 있다. 1935년 국방헌금 형식으로 비행기 두 대를 사서 조선총독부에 헌납했는데, 당시 총독부 당국은 이를 대대적으로 보도하고 그가 기증한 비행기에 문명기호라는 이름을 붙였다. 또한 1930년대 초부터 세금 외에도 막대한 양의 국방헌금을 납부해 세청 애국옹이라는 별칭이 붙었다. 1936년에는 한 군(郡)에서 돈을 모아 비행기 한 대를 일본군에 헌납하자는 1군 1비행기 헌납운동을 전국적으로 주도하며, 조선국방비행기헌납회를 조직했다.

문예봉
1917~1999

배우. 최승희 무용연구소에서 무용을 배웠다. 1931년 문수일이 창단한 연극시장을 통해 주목을 받았고, 1932년 나운규의 제의로 그와 함께 출연한 이규환 감독의 〈임자 없는 나룻배〉로 영화에 데뷔했으며, 1935년 조선 최초의 발성영화인 〈춘향전〉에 출연해 인기 배우가 됐다. 이후 다수의 작품에 여주인공으로 출연, '삼천만의 연인'으로 불렸다. 1938년 성봉영화원이 제작한 친일 성향의 영화 〈군용열차〉에 출연한 것을 비롯해 이후 일제의 지원병제도 홍보 영화와 황국신민과 내선일체, 국방헌금 참여를 홍보하는 다수의 영화에 출연했다. 1948년 월북, 한국전쟁 전까지 북조선국립영화촬영소 배우로 활동하며 다수의 영화에 여주인공으로 출연했다.

민대식
1882~1951

민영휘의 맏아들이다. 1920년 민영휘의 뒤를 이어 은행업에 뛰어든 뒤 1931년에 호서은행을 합병하고 동일은행을 창설했다. 1920년대부터 동민회, 조선불교단 등 여러 사회단체에서 활발한 활동을 펼쳤다. 광복 후 반민특위의 조사 대상자였으나, 반민특위 활동이 방해를 받으면서 무혐의 판정이 내려져 처벌은 받지 않았다.

박두영
1880~1960
親日

친일 반민족 행위자, 군인. 대한제국 국비 유학생으로 일본에 유학해 일본육군사관학교를 졸업했다. 졸업 후 망명한 동기들과 달리 1904년 대한제국 육군 포병 참위로 임관했으며 이후 의병 토벌에 앞장서 유명한 의병대장 이강년을 제천군에서 체포하고 사형당하게 해 일본의 큰 신임을 받게 됐다. 만주국에 군사 고문으로 파견돼 있다가 1932년 일제가 창단한 간첩 조직인 민생단의 단장을 맡았으며, 1937년부터 광복 시점까지 조선총독부 중추원 참의를 지냈다. 태평양전쟁 시기에는 경상남도 지역의 순회강연을 맡아 징용, 징병 지원을 권유했고, 전쟁 지원용 비행기 생산을 위한 금강항공공업주식회사 고문을 지내기도 했다. 광복 후인 1949년, 반민특위에 체포됐다.

박석윤
1898~1950
親日

친일 반민족 행위자. 1922년 도쿄제국대학 법학과를 졸업한 뒤 귀국해 휘문고등보통학교와 중앙고등보통학교에서 교원 생활을 했다. 이 무렵 조선 총독 사이토 마코토의 정치 참모인 아베 노부유키에게 포섭됐다. 〈동아일보〉 기자, 〈시대일보〉 정치부장, 〈매일신보〉 부사장 등을 지냈다. 1932년 2월 간도에서 조선총독부와 간도 일본영사관의 후원을 받아, 조병상, 김동한 등과 함께 한국과 중국을 이간하고 항일 연합 전선을 방해하기 위한 친일 조직인 민생단을 조직했다. 1937년 6월 만주국 국무원 외무국 조사처장이 됐고, 1939년 폴란드 바르샤바 주재 만주국총영사가 됐다. 폴란드로 전쟁이 확대되자 만주로 돌아와 만주국 외무 관리 생활을 계속하며 관동군의 독립군 토벌 작전 및 선무공작 등을 지원한 간첩단체 동남지구특별공작후원회 본부 총무로 활동했다. 광복 직후에는 조선총독부가 행정권을 여운형에게 인수하도록 했을 때, 여운형의 대리인으로서 조선총독부와 교섭하는 역할을 맡기도 했다.

박세영
1902~1989

작가. 사회주의 문화단체인 염군사의 중국 특파원 역할을 하면서 작품을 발표하기도 했으며, 1924년 가을 중국에서 돌아와 염군사 동인들과 교유하며 사회주의 문학관을 다져갔다. 1925년 연희전문학교에 편입함과 동시에 카프(KAPF, 조선 프롤레타리아 예술가 동맹) 맹원으로 참가하면서 본격적인 작품 활동을 시작했고, 1945년 서울에서 해방을 맞은 후 1946년 6월 월북했으며 이후 북조선문학예술동맹 출판부장과 중앙상임위원을 거쳐 최고인민회의 대의원, 북조선문학예술총동맹 국가상임위원, 조국평화통일 상임위원, 작가동맹 상무위원 등을 역임했다.

박승빈
1880~1943

교육자, 국어 연구가. 관비 유학생으로 일본에 건너가 중앙대학 법학과를 졸업하고, 돌아와서 법관으로 활약하다 1910년 변호사로 개업했다. 법률가로서 법전 편찬을 기획하며 국어 표기법 통일의 필요성을 절감하게 됐다고 전해진다. 1925년에는 보성전문학교 교장에 취임했으며, 신생활 운동에도 참여해 계명구락부 조직, 잡지 〈계명〉 발간에 힘썼다. 보성전문학교 교장으로 재임했던 기간 및 그 이후 여러 해에 걸쳐 보성전문학교와 중앙불교전문학교에서 조선어학을 강의했다. 당시의 강의 내용을 정리한 것이 1931년의 《조선어학 강의 요지》와 1935년의 《조선어학》이다. 1931년에는 동지를 규합해 조선어학연구회를 조직하고 그 기관지로서 〈정음〉을 격월간으로 발행했다. 이 모든 노력은 조선어학회의 '한글 맞춤법 통일안'에 대항하기 위한 것이었다. 국어 표기법에 대한 박승빈의 사고는, 일반 대중이 사용할 정서법은 간편해야 하고, 한 민족의 언어나 표기법은 역사적 지속체여야 한다는 것이었다. 이런 이유로 복잡하며 혁신적인 한글 맞춤법 통일안에 반대했다. 그러나 사회의 동조를 얻지 못한 채 작고했다.

박승직
1864~1950

상인. '박승직상점'에서 영국산, 일본산 등 다양한 직물을 취급하며 거상으로 성장했다. 1909년 11월 이토 히로부미를 추도하는 국민대추도회의 발기인과 위원으로 위촉됐으며, 1915년 화장품 제조업에 진출해 박가분 본점을 세우고, 1918년 특허국에 박가분 상표를 정식으로 등록했다. 박가분은 1920년 이후 선풍적인 인기를 끌었으나 1930년대부터 일제 고급 화장품이 수입, 시판되면서 1937년 폐업했다. 박승직은 박승직상점을 1925년 2월 박승직상점주식회사로 개편하고 사세를 확장하는가 하면 1940년 8월에는 미키쇼우쇼크로 창씨개명했으며, 이듬해인 1941년 3월에는 박승직 상점을 미키상사주식회사로 개칭하고 사장에 취임했다. 1941년 12월 경성부 총력과를 방문해 해군 국방헌금으로 1만 원을 헌납했으며, 1943년 2월 방공협회를 통해 방공감시대 위문금 100원을, 5월에는 육군에 국방헌금 200원을 냈다. 1946년에는 두산상회라는 상호로 운수업을 시작했고, 그해 10월 일본식 상호인 미키상사를 박승직상점으로 환원했다가 1948년 두산상사로 바꾸었다.

박영철
1879~1939
親日

친일 반민족 행위자, 군인. 대한제국 학부 유학생으로 일본에 건너가 도쿄 세이조학교를 다닌 후 일본육군사관학교에 입교해 1903년 말 졸업했다. 1904년 러일전쟁에 종군하고, 육군 기병 참위와 육군무관학교 교원 및 교관을 지낸 후 대한제국 군대로 복귀했다. 국권피탈 이후 1911년 조선주차헌병대사령부 기병 참령으로 배속됐으며, 1912년 전역한 후 8월, 전라북도 익산군수로 임명됐고, 일제 식민 통치와 침략전쟁에 적극 협력한 공으로 한국병합기념장을 받았다. 1918년에는 함경북도 참여관으로 발령받았다. 1919년 3·1혁명이 일어나자 조선총독부 기관지 〈매일신보〉 4월 30일 자에 '성산 없는 독립운동은 생명과 재산의 손실만 초래하고 설사 일본이 독립을 승인할지라도 조선인에게는 나라를 지탱할 능력이 없다'는 글을 실어 독립운동 방해에 협력했다. 1925년 강원도지사로 임명됐고, 1926년 함경북도지사가 됐다.

박영출
1907~1938

독립운동가. 1925년 동래고등보통학교 5학년 재학 중 급장으로서 항일 학생 동맹휴학을 주도하다가 퇴학당하고 1927년 일본으로 건너가 야마구치고등학교에 입학했다. 1930년 9월 귀국해 일본 유학생 귀국 강연회 연사로서 식민지 정책 비난 강연을 하다 일본 경찰에 붙잡혀 징역 6월 형에 집행유예 2년 형을 언도받았다. 그 뒤 다시 일본으로 건너가 교토제국대학을 다녔으며, 졸업 후 귀국해서는 일제의 식민 교육정책에 대항하여 민족주의·자유주의 교육의 실시를 주장하다 일본 경찰에 붙잡혔다. 1936년 징역 4년 형을 언도받고 옥고를 치르던 중 모진 고문으로 옥사했다. 1977년 건국포장, 1990년 건국훈장 애국장 수훈.

박영희
1902~?

親日

친일 반민족 행위자, 시인, 소설가, 평론가. 1925년 8월 카프 결성에 참가해 교양부 책임자를 맡았다. 1931년 신간회가 해소되며 제1차 카프 검거 사건이 일어나자 경성지부 해소위원장을 맡았다는 이유로 구속돼 1932년 불기소처분으로 풀려났다. 1934년 1월 2일 자 〈동아일보〉에 '최근 문예이론의 신전개와 그 경향'을 발표하고 카프 탈퇴와 전향을 선언했으며 같은 해 12월, 제2차 카프 검거 사건인 신건설사 사건에 연루돼 구속되나 1936년 12월 징역 2년 집행유예 3년을 선고받고 풀려나 조선사상범보호관찰령에 따라 조선사상범보호관찰소에 수용됐다. 1938년 6월, 전향자를 국민정신총동원에 적극 참여시키기 위해 개최된 시국대응전국위원회에 조선인 대표위원으로 참석했으며, 7월에는 사상보국연맹 경성지부 간사, 상임간사, 후생부 부장 등을 역임했고, 9월 조선방공협회 평의원이 됐다. 1939년 3월 황군위문작가단 실행위원에 선출됐으며, 1940년 5월 국민정신총동원 조선연맹 촉탁으로 기관지 〈총동원〉 편집에 관여했고, 12월에는 황도학회의 이사 겸 발기인으로 참여했다. 1942년 2월 싱가포르 함락 소식을 듣고 〈매일신보〉에 '감격에서 창조로'를 기고했으며, 9월 조선문인협회 간사장에 재선임됐다. 각종 단체에 참여해 활발하게 친일 활동을 벌였고, 문필 활동에 있어서도 적극적인 친일 성향을 드러내며 다수의 친일 관련 글을 남겼다.

박진홍
1914~?

사회주의자. 조선공산당의 핵심 여성 당원으로, 용산제면회사, 대창직물, 대창고무공장 등에 노동자로 취직해 노동운동에 몰두했다. 1931년 경성학생RS협의회 사건으로 검거됐으며, 약 2년간 수감 생활을 마치고 1933년 석방됐다. 이후 광복 무렵까지

네 차례에 걸쳐 투옥과 출옥을 반복했다. 1934년 초에는 이재유 그룹의 조선공산당 재건운동과 관련해 재검거됐고, 같은 해 5월에 풀려나 이재유와 함께 살면서 적색노동조합운동에 투신했다. 1935년에는 용산 적색노조 사건에 연루돼 징역형을 선고받지만, 옥중 출산으로 석방됐다. 조선공산당재건 경성준비그룹 간부인 이관술과 연락을 취하며 활동을 재개하다 재검거돼 1939년 중반에 풀려났으며, 이후 경성콤그룹에 관여하다 다시 검거돼 1944년 출옥했다. 출옥하자마자 국문학자이자 경성콤그룹 인민전선부 담당자이던 김태준과 결혼했다. 1944년 김태준과 함께 조선독립동맹 및 국내 군사정책을 논의하기 위해 연안으로 출발해 1945년 4월 연안에 도착했으나 이후 일제 패망 소식을 듣고, 걸어서 11월 하순 서울에 도착했다. 그 뒤 조선공산당에 입당해 부녀부 간부로 활동했다. 조선부녀총동맹에 참가해 문교부장 겸 서울지부 위원장을 역임했으며, 1946년 민주주의민족전선 결성에 참여하고, 사회정책 연구위원으로 선임됐다. 이후 월북해 1948년 8월, 제1기 최고인민회의 대의원으로 선출됐다.

박흥식

1903~1994

親日

친일 반민족 행위자, 기업인. 1919년 서북 지역 제일 무역항인 진남포를 중심으로 미곡 무역상에 투신했다. 제1차 세계대전 후 급증하는 미곡 이출과 쌀값 폭등을 배경으로 거부를 축적했고, 이를 농지에 투자해 용강 최대 지주로 성장하는 한편 인쇄업과 지물업에도 진출해 1926년 6월, 지물 도매업을 전문으로 하는 선일지물을 설립하고 대표이사를 맡았다. 박흥식은 수입선을 다변화해 일본산보다 저렴하게 대량의 지물을 확보했고, 영업 수완을 발휘하며 설립한 지 1년 만에 전국 수백 개 서점과 인쇄소 등을 주요 거래처로 만들었다. 박리다매 전략으로 〈동아일보〉, 〈조선일보〉, 〈매일신보〉 등 주요 신문사를 고객으로 삼았고, 이러한 성공을 바탕으로 1930년 12월 경성상공협회 회장으로 추대됐다. 1932년에는 동아백화점을 인수했고, 1937년 11월, 지하 1층과 지상 6층, 엘리베이터 네 대와 에스컬레이터 두 대를 구비한 최신식 화신백화점을 신축했다. 1937년 중일전쟁이 발발하자 각종 친일단체에서 활동하며 거금의 국방헌금을 기부했다. 1941년 조선임전보국단비 20만 원을 헌납하고 여러 글을 써 일제의 침략전쟁을 찬양했다. 1949년 1월 반민특위에 제1호로 체포되나 4월 병보석으로 석방됐고, 공민권 정지 2년을 구형받았지만 9월에 무죄 선고를 받았다. 1961년 5·16 쿠데타 후 부정 축재자로 몰렸다가 경제재건촉진회 발기인으로 참여했다.

방응모

1884~?

親日

친일 반민족 행위자, 언론인. 1924년 금광 개발에 뛰어들어 평안북도 삭주의 교동광업소를 인수했다. 1926년 굴을 파던 갱도에서 금맥이 발견돼 굴지의 광산업자로 성장했다. 1932년 〈조선일보〉 영업국장으로 활동하다 1933년 자금난에 허덕이는 〈조선일보〉 경영권을 인수하고 부사장에 취임했으며, 조선군사령부 애국부에 고사기관총 구입비로 1,600원을 헌납했다. 7월에 〈조선일보〉는 자본금 30만 원의 주식회사가 됐고, 방응모는 사장으로 취임해 1940년 8월 폐간할 때까지 재임했다. 같은 해 10월 조선신궁봉찬회 발기인 겸 고문으로 참여했으며, 1934년 3월 조선대아세아협회 상담역에 추대됐다. 〈조광〉 발행인, 조선임전보국단 이사 등을 역임했으며, 해방 이후 건국준비위원회 위원, 신탁통치반대 국민총동원위원회 중앙위원 등으로 활동했다. 한국전쟁이 발발한 후 납북돼 생사가 확인되지 않았다.

백낙준

1896~1985

교육자, 정치인. 평안북도 정주에서 출생해 1910년 평남 선천의 신성학교에 입학한 후 교장 매큔의 도움으로 미국으로 건너갔고, 미주리주의 파크대학, 프린스턴신학교, 예일대학교에서 유학했다. 귀해해서는 1927년 연희전문학교 교수로 부임했다. 일제의 침략정책에 부응하는 각종 설교와 사설을 집필했고, 해방 후 연희전문학교 교장, 연희대학교 초대 총장, 문교부 장관, 연세대학교 초대 총장 등을 지냈다. 2009년 친일반민족행위 진상규명위원회가 발표한 친일반민족행위 705인의 종교(기독교) 부분 명단에 포함됐다. 1970년 국민훈장 무궁화장 수훈.

백정기

1896~1934

독립운동가. 1919년 서울에 올라와 3·1혁명을 목격하고 고향에 돌아가 동지를 규합, 일제와의 무장항쟁을 전개했다. 그 뒤 주로 베이징을 중심으로 이회영, 유자명, 이을규, 정화암, 신채호 등과 자주 접촉하며 독립운동을 계속했다. 이회영, 신채호의 영향으로 무정부주의에 빠져들게 된 후 1923년 9월에는 중국 후난성 둥팅호 근처에서 전개된 무정부주의가 추구하는 이상적인 농촌 사회 건설에 참여하고, 1924년 여름, 일본 도쿄에 잠입해 수력공사장과 주요 건물 등을 폭파하기로 했으나 여의치 않자 베이징으로 귀환했다. 1927년 푸젠성 취안저우에서 민단편련처를 조직하고 농촌의 자치 조직을 통해 무정부주의 운동의 이상을 실현하고자 노력했다. 1928년 5월 말에는 아시아 각국의 무정부주의자들이 모여 결성한 동방무정부주의자연맹에 한국 대표로 참석했다. 1931년 9월 한국, 중국, 일본의 무정부주의자들과 항일구국연맹을 결성하고, 11월에 적의 국경 기관 및 수송 기관의 파괴, 요인 사살, 친일파 숙청 등을 목표로 '비티피(BTP)'라는 흑색공포단을 조직해 배일운동을 전개했다. 이 무렵 상하이에는 각지에서 무정부주의자들이 모여들고 있었다. 이에 백정기는 이회영, 정화암과 함께 이들을 규합해 남화한인청년연맹을 결성했다. 1933년 일본 주중대사인 아리요시가 상하이 홍커우에 있는 일본 요정 육삼정에서 연회를 연다는 소식을 듣고, 아나키스트 이강훈, 원심창과 함께 습격하려다 잡혔고, 일본 나가사키법원에서 무기형으로 복역 중 지병으로 사망했다. 1963년 건국훈장 독립장 수훈.

백철
1908~1985
親日

친일 반민족 행위자, 평론가. 1930년 전일본무산자예술동맹(NAPF, 나프)에 가입해 나프의 전문지인 〈전위 시인〉의 동인이 됐고, 1931년 도쿄고등사범학교 영문과를 졸업한 후 귀국해서는 〈개벽사〉 기자로서 국내 문학 활동을 시작했다. 1934년 8월 카프 제2차 검거 사건(전주 사건, 신건설사 사건)에 연루돼 1년 반 동안 전주 형무소에 수감됐고 1935년 12월 석방됐다. 1938년 12월 22일부터 27일까지 〈동아일보〉에 일종의 전향서인 '비애의 성사'를 발표했고, 1939년 3월 조선총독부 기관지 〈매일신보〉 기자로 입사했으며, 10월에는 조선문인협회 발기인으로 참여했다. 12월 〈조선일보〉에 친일적인 글 '시대적 우연의 수리'를 쓴 것을 시작으로 이후 대동아공영권과 침략전쟁을 찬양하고 조선인의 징병 혹은 학병을 독려하는 글을 다수 발표했다.

부덕량
?~?

해녀. 제주도 출신으로, 1930년대에 부춘화, 김옥련과 항일투쟁을 주도했다. 1932년 1월 7일 세화리 장날을 기해 해녀 수백 명과 함께 일제를 규탄했고, 1932년 1월 12일 종달리, 오조리, 하도리, 세화리, 우도리 지역의 해녀가 모여 항일운동을 일으켰을 때 중심 역할을 했다. 1월 16일 체포돼 목포경찰서에서 고문을 받고 6개월간 투옥됐다. 2005년 건국포장 수훈.

부춘화
?~?

해녀. 제주도 출신으로, 1928년 구좌면 해녀조합 대표로 선출됐다. 어용화된 제주도 해녀조합이 하도리 해녀들의 감태와 전복 값을 제대로 쳐주지 않자 1931년 6월부터 직접 투쟁에 들어갔다. 1932년 1월 7일 세화리 장날을 기해 김옥련, 부덕량과 함께 하도리 해녀 300명을 이끌고 시위를 일으켰다. 1월 16일 체포돼 목포경찰서에서 고문을 받고 6개월간 투옥됐으며, 옥에서 나온 후에는 일본 오사카에서 여성 교포들을 계몽하는 활동을 벌였다. 광복 후 귀국해 부산에서 상업에 종사했다. 2003년 건국포장 수훈.

손목인
1913~1999

대중음악 작곡가. 경상남도 진주 출신으로 1932년, 도쿄제국음악학교에 피아노 전공으로 입학했고, 1933년 귀국해 오케레코드사에서 대중가요 작곡을 시작했다. 이후 다시 도쿄고등음악학원에 편입하고, 귀국해서는 오케레코드사와 콜럼비아레코드사에서 〈타향살이〉, 〈목포의 눈물〉, 〈돈도 싫소 사랑도 싫소〉 등 다수의 가요를 작곡했다. 1937년 이후 일제의 침략전쟁을 미화하는 가요를 작곡하는 한편, 1944년 2월 〈매일신보〉가 조직한 매신산업전사위문격려대의 대원으로도 활동했다. 해방 이후 조선음악가협회 위원, 서울중앙방송국 경음악단의 지휘자 등으로 활동했고, 한국전쟁 중 일본으로 밀항했다가 1957년 불법체류가 적발돼 귀국했다. 1965년 월남전 파병 당시 아들 위문대의 일원으로 월남에 건너간 이후 미국과 일본에 거주하다 1987년 귀국했다. 1989년 한국가요작가협회를 조직하고 초대 회장이 됐다. 1987년 문화훈장 화관장 수훈.

송병조
1877~1942

독립운동가, 목사. 평안북도 용천 출신으로, 1919년 3·1혁명이 일어나자 용천에서 청년들을 지휘해 시위를 주도하는 한편 대한국민총회를 조직하고 평의원이 됐다. 이후 독립운동을 지원하기 위해 군자금을 모금하다 1921년 상하이로 건너갔다. 대한민국임시정부에서 국민대표회의 대표, 신한청년단 대표 등을 역임했고, 1926년 2월 18일에는 임시의정원 부의장이 됐으며 이어 8월 18일에는 임시의정원 의장에 선임되는 동시에 임시정부 국무위원을 맡았다. 1932년 4월 윤봉길의 의거 이후 일제의 감시를 피해 임시정부가 항저우로 이동하고, 해외 독립운동 기구의 통합 움직임이 일어나 많은 독립운동가들이 임시정부를 떠나 민족혁명당에 가담했을 때도 차이석 등과 함께 임시정부를 사수했다. 1937년 임시정부가 난징으로 이전하고 중일전쟁이 발발하자 한국국민당, 한국독립당, 조선혁명당 등의 단체를 결집해 임시정부의 외곽단체인 한국광복진선을 결성했다. 이후 임시정부가 창사, 광둥, 류저우, 치장 등지로 이전할 때도 국무위원으로서 임시정부를 계속 지켰으며, 1940년 임시정부가 충칭에 정착한 후에도 임시의정원 의장, 임시정부 고문, 임시정부 회계검사원장직을 역임하며 활동을 이어나갔다. 1942년 병사했다. 1963년 건국훈장 독립장 수훈.

신석호
1904~1981

역사학자. 경상북도 봉화 출신으로, 어릴 적부터 홍치유에게 한학을 배웠으며 1918년 경북 봉화공립보통학교에 입학하나 3·1혁명에 연루돼 중퇴한 후 1920년 일본 세이소쿠영어학교에 입학했다. 1921년 귀국해 중동학교에 입학했고, 1924년에는 경성제국대학 예과 문과에 입학하고, 1926년에 다시 경성제국대학 법문학부 사학과에 들어갔다. 1929년 졸업 후 조선총독부 직속 기구인 조선사편수회의 촉탁이 됐고, 해방될 때까지 근무했다. 1930년에는 청구학회의 편집위원이 되어 10년간 활동했으며, 1934년에는 진단학회의 발기인을 맡았다. 해방 후에는 김건태와 함께 조선사편수회가 보관하고 있던《일본공사관기록》의 원판을 지켜냈으며, 정부 기관인 국사관을 창설하고 사무국장이 됐다. 1945년에는 진단학회 상임위원, 조선역사협회 부회장, 조선사연구회 부회장을 맡았고, 1946년 고려대학교 교수로 임용됐다. 1947년에는 국민학교 및 중·고등학교 사회과 교수요목 제정위원과 국정교과서 편찬심의위원을 맡았으며, 1949년 문교부 편수국장이 됐다. 1951년부터 성균관대학교 교수를 겸임했고, 이후 독립유공자 상훈심의위원회 위원, 유네스코한국위원회 위원, 혁명재판사 편찬위원회 위원 등 다양한 활동에 참여했다. 1967년 12월에는 한국사연구회를 조직하고 회장으로 취임했다. 1963년 문화훈장 대통령장 수훈.

안병춘
1910~?

노동운동가. 경기도 용인 출신으로, 1928년, 19세의 나이로 영등포공립보통학교를 졸업하고 양조장노동자가 됐다가 다시 보성고등보통학교에 급사로 들어갔다. 사회주의 열풍이 일어나자 학생들과 함께 독서회에 가담했는데 1931년 동대문경찰서에 연행돼 취조를 받았다. 이후 카프 문학의 선봉으로 트로이카를 주도하며 일제에 저항했고, 1933년 이재유의 충고에 따라 용산공작주식회사 영등포공장에 취업했으며 파업을 주도하는 등 본격적인 노동운동을 시작했다. 이후 일제의 검거 작전으로 김삼룡 등과 함께 체포돼 모진 고문을 받고, 1935년 2년 징역형을 받았다. 1937년 초에 출소한 후에는 1942년경 한상운과 결혼하고, 생계를 위해 전향서를 제출한 것으로 추정되며 일제의 알선으로 제약 회사에 취업했다고 전해진다. 한국전쟁 당시 행방불명됐다.

안확
1886~1946

호는 자산(自山) 또는 팔대수(八大搜)이며 필명은 운문생(雲門生)이다. 중인 출신으로, 1895년 서울 수하동 소학교에서 신학문을 교육받고, 1896년 만민공동회에도 참여했다. 1900년대 서북 지방 교육 활동에 참여했고 국권피탈 이후에는 1910년 마산 창신학교에서 교편을 잡았으며, 1914년경 일본 니혼대학에서 정치학을 공부했다. 1916년 귀국해서는 조선국권회복단 마산지부장을 맡았고, 3·1혁명 때 마산 지역의 시위를 이끌었다. 이후 서울로 올라가 조선청년연합회 기관지 〈아성(我聲)〉의 편집을 맡았고, 이어 신천지사의 편집인으로서 본격적인 저술 활동에 돌입해 《조선문명사-조선정치사》를 비롯한 국어, 국사 등 국학에 대한 글들을 발표했다. 또한 〈자각론〉 등의 시론들도 발표해 새로운 지식인의 모습을 제시했다. 1930년대 일본의 문화 통치가 끝나고 간섭이 심해지자 중국, 연해주, 하와이 등 해외를 7년 동안 유랑했고, 1940년대에는 비타협적 민족주의자들과 교유했으며 해방 이후 정당 결성을 꾀했으나 1946년 병사했다.

양주동
1903~1977

시인, 국문학자, 영문학자, 교육자. 개성 출신으로, 일본 와세다대학교 유학 중에 시 동인지 〈금성〉을 발간하고 민족주의 성향의 시를 썼다. 1928년 졸업 후 평양의 숭실 전문학교 교수로 부임했으며, 1929년 〈문예공론〉을 발간해 프롤레타리아 문학과 민족 문학의 절충주의적 문학론을 펼쳤다. 1930년에는 시집 《조선의 맥박》을 발표했다. 1935년부터 향가 연구에 전념했는데, 경성제국대학 교수인 일본인 학자 오구라 신페이의 향가 연구의 오류를 지적해 학계에 큰 반향을 일으켰다. 이후 향가 25수 전편을 해독해 1942년 《조선고가연구》를 간행했다. 일제가 숭실학교를 폐쇄하자 1940년부터는 경신학교에서 교편을 잡았고, 1947년 동국대학교 교수로 부임했으며, 1958년부터 1961년까지 연세대학교로 옮겼다가 다시 동국대학교로 돌아와 정년까지 재직했다. 광복 후에도 향가 해독과 고려가요 연구를 계속 이어나갔다. 1962년 문화훈장 대통령장, 1970년 국민훈장 무궁화장 수훈.

엄형순
1906~1938

독립운동가. 본명은 엄순봉이다. 경상북도 영양 출신으로, 생계유지를 위해 1923년 만주로 건너갔고, 1929년 북만주에서 한족총연합회를 조직, 청년부장이 됐으며, 재만조선인무정부주의자연맹에 가입한 후 백정기, 정화암 등과 함께 상하이로 건너갔다. 1933년 5월 오면직, 주열, 안경근과 함께 밀정 이종홍을 처단하고, 8월에는 정화암과 함께 일본 관헌과 내통 혐의를 받고 있던 옥관빈을 처단했다. 일본공사 아리요시가 무정부의자를 탄압하자 처단 계획을 세우고, 아리요시가 일본으로 떠나기 전 고급 음식점 육삼정에서 송별회를 연다는 정보를 입수하고는 백정기, 이강훈, 원심창이 거사를 준비했다. 하지만 사전에 정보가 탄로 나 실패하고 백정기 등은 체포됐다. 1935년 3월 조선인거류민회 부회장인 이용로(일명 이영로)가 일본 밀정으로 활동하는 것을 포착하고 처단하나 곧이어 체포돼 1936년 사형언도를 받고 순국했다. 1963년 건국훈장 독립장 수훈.

오영선
1886~1939

독립운동가. 경기도 고양 출신으로, 대한제국 무관학교를 졸업하고 1907년 신민회에 가입했다. 이동휘와 함께 중국으로 망명해 1914년 지린성 동녕현 나자구에 동림무관학교를 설립하고 독립군 양성에 힘썼다. 대한민국임시정부가 수립되자 임시의정원 경기도 지역 의원으로 선출됐고, 이후 법무총장, 외무부장, 국무부장 등 국무위원으로 활약했다. 1939년 3월 10일 상하이에서 병사했다. 1990년 건국훈장 독립장 수훈.

오진우
1917~1995

사회주의자. 함경북도 무산 출신으로, 1933년 김일성 항일유격대에 가담해 동만주 지역에서 활동했다. 1945년 소련군이 북한으로 진주하자 김일성과 함께 북한으로 들어왔다. 북한군 창설자 가운데 한 명이며 김일성과 항일투쟁을 같이 한 혁명 제1세대로 1950~60년대 반대파 숙청과 김일성의 유일 지도체제 확립에 큰 공을 세웠다. 또한 1970년대에는 김정일 후계체제 구축에 앞장서 권력 서열로는 김일성, 김정일 다음인 3위의 자리를 차지했다. 1976년 인민무력부장에 올라 사망할 때까지 19년간 재직하면서 군을 통솔했다. 1994년 7월 김일성이 사망하자 김정일과 함께 영결식과 추도대회를 주관했다. 1995년 2월 암으로 병사해 혁명열사릉에 안장됐다.

유돈상
1894~1935

독립운동가. 충청북도 충주 출신으로, 의병장 유홍석의 손자, 여성 의병장 윤희순의 아들이며, 의병장 유인석은 그의 재종조부가 된다. 국권이 피탈되자 1911년 가족과 함께 만주로 이주했고 22세 때부터 독립운동을 시작했다. 음성국, 음성진 등 180여 명의 동지와 함께 대한독립단을 조직하고 일본군 공격을 계획하나 기밀이 탄로 나 실패했다. 다행히 유돈상은 체포되지 않고 피신해 이름을 바꾸고 다시 독립투쟁의 의지를 다졌다. 이후 독립군을 양성하기 위해 음성국·성진 형제, 그리고 중국인 장경호와 함께 학교를 세웠다. 1928년 귀국해 강원도 춘천, 충북 제천 등을 순회하며 민족 교육과 군자금 모집을 위해 노력했다. 1931년, 만주 푸순에서 독립단을 다시 조직했으며, 1935년, 일본 경찰에 체포돼 혹독한 고문을 받고 순국했다. 1993년 건국훈장 애족장 수훈.

유상근
1910~1945

독립운동가. 강원도 통천 출신으로, 1918년 가족들과 함께 북만주 옌지로 이주했고 이후 갑산촌에 정착했다. 1927년 일본 경찰과 충돌한 일을 계기로 상하이로 건너갔으며 1932년 김구에게 발탁돼 한국교민단 의경대원으로 활동했다. 그해 5월, 김구의 지시로 최흥식, 이성원 등 한인애국단 동료들과 함께 다롄에서 일본 관동군 사령관과 남만철도 총재 등 일제 요인들을 폭살시키려 했으나, 뜻을 이루지 못하고 체포됐다. 여순 감옥에서 복역 중 광복 하루 전날 순국했다. 1968년 건국훈장 독립장 수훈.

유용희
1892~1966

사회주의자. 일명 유혁이라고도 했다. 전라남도 영암 출신으로, 1925년 전남해방운동자동맹 중앙집행위원이 됐고, 1926년 전남청년연맹 조사부 위원으로 선임됐다. 1927년 신간회 목포지회에 가입하고 조선공산당에 입당했으며, 1928년 전남소년연맹 결성집회에 참가했다가 집회법 위반으로 징역 4개월을 살았다. 제4차 조선공산당 검거 사건 당시에는 치안유지법 위반으로 징역 2년을 선고받았다. 1932년에는 영암에서 소작권 이전 반대를 주도한 혐의로 김판권과 함께 체포돼 징역 5년을 살았고, 출소 후에는 금광 채굴업에 종사했다. 1945년 9월 조선공산당의 전라남도 총책을 맡았고, 12월 전국농민조합총연맹 부위원장, 1946년 2월에는 민주주의민족전선 부위원장에 올랐다. 이후 남조선신민당, 조선인민당, 조선공산당이 합당하자 박헌영이 독선적으로 당을 운영한다며 반대 의사를 표시했다. 1949년 월북했다.

유진식
1912~1966

독립운동가. 일명 유진만이라고도 했다. 충청남도 연기 출신으로, 1932년 상하이에서 김철, 이덕주, 유상근 등과 함께 한인청년당을 조직했고, 이어 김구가 결성한 한인애국단에도 가입했다. 조선 총독 우가키 가즈시게를 암살하기 위해 이덕주와 함께 국내에 잠입하나 1932년 4월 7일 일본 경찰에게 체포돼 징역 6년 형을 받았다. 1990년 건국훈장 애국장 수훈.

유홍석
1841~1913

항일 의병장. 강원도 춘천 출신으로 의병장 유인석의 재종형이다. 1895년 을미사변이 일어나고 단발령이 내려지자 의병을 일으켜 유인석을 의병대장으로 추대하고 일본군과 맞섰다. 이때 의병들의 사기 진작을 위해 〈고병정가(告兵丁歌)〉를 지었다. 1907년에는 의병을 일으켜 민긍호, 이강년과 함께 싸웠으나 실패로 돌아갔고, 다시 춘천과 원주 등지 의병 600명을 모집, 가평에서 적과 맞서다 부상을 입었다. 국권피탈 이후에는 만주 환인현으로 건너가 독립운동을 펼쳤다. 1980년 건국포장, 1990년 건국훈장 애국장 수훈.

윤백남
1888~1954

극작가, 소설가, 영화감독. 충청남도 공주 출신으로, 경성학당 중학부를 마치고 일본 유학을 떠나 후쿠시마의 반조중학교를 거쳐 와세다대학 정경과에 진학했다. 관비 유학생이었으나 통감부가 정경과생에 대한 지원을 중단하자 도쿄고등상업학교로 전학했다. 귀국한 후 보성전문학교 강사로 활동하다 국권피탈 이후 〈매일신보〉 기자가 됐다. 1912년, 작가 조일재와 극단 문수성을 창단해 배우로 활동하면서 원각사에서 공연을 가졌다. 1913년 〈매일신보〉 편집국장을 거쳐 반도문예사라는 잡지사를 세우고 월간 잡지 〈예원〉을 발간했다. 1916년 이기세와 극단 예성좌를 조직하고 단성사에서 공연했으며, 1917년에는 백남프로덕션을 창립해 영화를 제작했다. 1918년 〈동아일보〉에 입사해 단편소설 〈몽금〉을 발표하고 《수호지》를 번역했으며, 1919년 한국 최초의 대중소설 《대도전》을 연재했다. 1920년 논문 〈연극과 사회〉를 발표하고, 희곡 〈국경〉과 〈운명〉을 발표했으며, 1922년 민중 극단을 창립하고 〈등대지기〉, 〈기연〉, 〈제야의 종소리〉 등을 상연했다. 1923년에는 한국 최초의 극영화 〈월하(月下)의 맹서〉의 각본을 쓰고 감독을 맡았으며, 1925년에는 윤백남프로덕션을 만들어 〈심청전〉을 제작했고, 1930년 경성소극장의 창립에 참여했으며 1931년에는 극예술연구회 창립에 참여했다. 1920년대 중반 이후에는 연극에 거의 관여하지 않았으며, 1934년 만주로 건너가 역사소설 집필에 몰두했다. 한국전쟁 중에는 해군 중령으로 복무했고, 1953년 서라벌예술대학 학장에 올랐으며, 1954년 초대 예술원 회원이 됐다.

윤봉길
1908~1932

독립운동가. 충청남도 예산 출신으로, 1918년 덕산보통학교 재학 중에 3·1혁명을 맞이했다. 학교를 자퇴하고 최병대 아래에서 한학을 공부했으며, 1921년 성주록의 오치서숙에 들어가 중국 고전을 익혔다. 1926년부터 농촌계몽운동에 뛰어들어 《농민독본》을 저술하고 야학을 운영했으며, 1929년에는 부흥원을 설립했다. 이때 1년간 기사일기(己巳日記)를 기록했다. 1930년 3월 6일, 독립운동에 뜻을 품고 집을 나섰으나 선천에서 일본 경찰에게 체포돼 45일간 투옥됐다. 다시 만주로 탈출했고 다롄을 거쳐 칭다오로 건너가서는 세탁소에 취직해 독립운동의 방략을 모색했다. 그리고 1931년 8월 대한민국임시정부가 있는 상하이로 이주했다. 안중근의 사촌 안공근의 집 3층에 숙소를 정하고 동포 실업가 박진이 경영하는 공장에 취직하고는 김구를 찾아가 독립운동에 대한 자신의 의지를 밝혔다. 1932년 1월 8일 김구가 이끄는 한인애국단의 이봉창이 1월 8일 도쿄에서 의거를 일으키자 일본은 상하이사변을 일으켜 상하이를 점령했다. 윤봉길은 야채상으로 가장해 일본군의 정보를 탐지하고, 4월 26일 한인애국단에 입단했으며 4월 29일 이른바 천장절 겸 전승축하기념식에서 폭탄을 투척했다. 상하이 파견군 사령관 시라카와를 포함해 상하이의 일본 거류민단장 가와바다 등이 사망했고, 제3함대 사령관 노무라 중장, 제9사단장 우에다 중장, 주중공사 시게미쓰 등은 중상을 입었다. 윤봉길은 의거 직후 현장에서 체포됐고, 일본 군법회의를 통해 사형을 선고받았다. 1932년 11월 18일 일본으로 이송돼 20일 오사카 위수 형무소에 수감됐으며, 12월 19일 가나자와에서 총살형으로 순국했다. 해방 이후 김구가 유해를 찾아 효창공원 삼의사 묘역에 안장했다. 1962년 건국훈장 대한민국장 수훈.

윤심덕
1897 ~ 1926

성악가, 배우. 평안남도 평양 출신으로, 경성여자고등보통학교 사범과를 졸업하고 강원도 원주에서 소학교 교사로 재직하다 관비 유학생으로 일본에 건너가 도쿄음악학교 성악과에 들어갔다. 1921년 일본 유학생들이 결성한 순례극단 동우회에서 극작가 김우진을 만나고 순회공연을 펼치면서 사랑에 빠졌다. 1923년 6월 귀국한 후 종로 중앙청년회관에서 독창회를 열어 우리나라 최초의 소프라노 가수로 데뷔했다. 당시 국내에는 제대로 성악을 공부한 사람이 거의 없었기에 거의 모든 음악회에 초청되면서 유명세를 떨쳤다. 경성사범부속학교에서 음악 교사 생활을 하며 경성방송국에 출연하고, 극단 토월회에서 주연을 맡기도 했다. 생계를 위해 대중가수로 전환해 〈사의 찬미〉 등 음반을 취입했다. 1926년, 일본 닛토레코드회사에서 24곡을 취입하고 도쿄에 있던 김우진을 오사카로 불러내 시모노세키에서 관부연락선 도쿠주마루를 타고 귀국하는 도중 함께 현해탄에 몸을 던졌다.

윤희순
1860 ~ 1935

독립운동가. 서울 출신으로, 16세 때 고흥 유씨 유제원과 혼인해 유홍석의 며느리가 됐다. 을미사변과 단발령으로 시아버지 유홍석이 이소응을 의병대장으로 추대하고 의병을 일으키자 〈안사람 의병가〉 등 수십 수의 의병가를 지어 여성의 참여를 독려했다. 또한 마을 부녀자들을 모아 의병의 밥을 지어주고 빨래를 해주는 등 지원에 힘썼다. 1907년 정미의병 때 시아버지 유홍석이 다시 의병을 일으키자 군자금을 모집하는 한편, 여의내골 주산에서 놋쇠와 구리를 구입해 무기와 탄환 등을 제조, 공급했다. 1911년에는 가족을 이끌고 먼저 만주로 건너간 유홍석을 뒤따라 국경을 넘었다. 1912년 동창학교의 분교인 노학당을 설립하고 반일 선전과 모금 활동을 하는 한편 50여 명의 졸업생을 배출해 구국 민족운동에 앞장섰다. 1913년에는 유홍석이, 1915년에는 남편인 유제원이 세상을 떠나자 가족들을 건사하고, 아들 유돈상, 유민상 형제가 대한독립단에 가입해 독립운동을 벌이자 적극적으로 지원했다. 1935년, 맏아들인 유돈상이 그의 장인 음성국과 함께 체포돼 혹독한 고문을 받고 순국하자 울분을 이기지 못한 윤희순은 10여 일 뒤인 1935년 8월 1일, '해주 윤씨 일생록'과 자손에게 당부하는 글을 남기고 식음을 전폐해 76세로 세상을 떠났다. 1983년 대통령표창, 1990년 건국훈장 애족장 수훈.

이경재
1910~?

사회주의자. 일명 이양재라고도 했다. 경기도 광주 출신으로, 1935년 1월, 석혜환 등과 사회주의 비밀결사를 조직했다. 2월, 김흥종의 집에서 비밀리에 회합을 가지고 광주공산당협의회에 가입해 근로대중을 본위로 하는 새로운 사회를 건설하는 혁명적 노동조합을 결성하는 한편, 영등포 및 인천 지역과의 연계를 시도했다. 1936년 1월, 27세의 나이로 점원으로 활동하던 중 분실된 문건이 일경의 수중에 들어가 징역 6개월을 선고받고 투옥됐다.

이관술
1902~1950

사회주의자. 울산 출신으로, 1925년 경성 중동학교를 졸업하고 일본으로 건너가 1929년 도쿄고등사범학교 지리역사과를 졸업했다. 이 당시 사회주의를 접하게 됐다. 귀국해 동덕여자고등보통학교에서 교편을 잡았고, 1931년 학생들의 동맹휴학을 지도했으며, 1932년에는 독서회를 지도했다. 1933년 경성 반제동맹 사건으로 검거됐으며 1934년 가출옥했다. 이때 동덕여자고등보통학교 출신 박선숙과 결혼했다. 1934년 12월에는 이재유와 함께 조선공산당 경성재건그룹을 결성하고 학생운동 부문을 맡았으며, 1935년 일본 경찰의 포위망이 좁혀오자 이재유와 함께 경기도 양주에 은거해 위장 생활을 했다. 1936년 10월 이재유 등과 조선공산당재건 경성준비그룹을 결성하고 출판부를 맡아 기관지 〈적기(赤旗)〉를 발간했으며, 그해 12월 이재유가 검거되자 다시 은거하다가 1939년 서울에서 여동생 이순금, 김삼룡 등과 함께 경성콤그룹을 결성하고 기관지 〈코뮤니스트〉를 발간했다. 1941년 검거됐다가 1943년 병보석으로 출옥해 계속 지하 활동을 벌였다. 해방 이후 조선공산당의 중앙위원 및 총무부장 겸 재정부장이 되고, 전국인민대표자대회에서 조선인민공화국 중앙인민위원회 위원, 선전부장으로 선출됐으며, 1946년 2월에는 민주주의민족전선 중앙위원이 됐다. 같은 해 7월 6일, 조선 정판사 위폐 사건으로 미 군정 경찰에 검거됐으며, 옥중에 있던 1948년 8월, 남조선 인민대표자대회가 열려 제1기 최고인민회의 대의원으로 선출됐다. 1950년 대전 형무소에서 복역하다 한국전쟁 직후 처형됐다.

이규창
1913~2005

독립운동가. 만주 통화현(통화현) 출신으로, 독립운동가 이회영의 아들이며, 초대 부통령을 지낸 이시영의 조카다. 어린 시절부터 부친을 따라 베이징과 상하이로 이주해 생활했다. 1932년 이회영이 순국하자 상하이에서 화랑청년단, 남화한인청년연맹에 가입해 백정기, 엄순봉, 이강훈 등과 함께 독립운동을 펼쳤다. 1933년 남화한인청년연맹의 행동 조직 흑색공포단을 창설하고, 중국 주재 일본공사 아리요시의 암살을 시도한 육삼정 의거를 계획하나 실패하고, 1935년 3월 엄순봉과 함께 밀정 이용로를 처단했다. 이 일로 일본 경찰에 체포돼 국내로 송환됐고, 13년 형을 받아 마포 감옥에 투옥됐는데 옥중투쟁으로 형이 가중돼 광주 형무소로 옮겨졌다. 해방 이후 출옥했으며 2005년 8월 2일 세상을 떠났다. 1968년 건국훈장 독립장 수훈.

이규환
1904~1982

영화인. 대구 출신으로, 계성중학 4학년 때 3·1에 참여했다. 이후 영화감독이 되기 위해 1923년 도쿄로 건너가 일본영화예술연구소에서 6개월 동안 기초를 익혔고, 1927년 할리우드로 가기 위해 노력했으나 곧 포기하고 일본에서 조감독 생활을 했다. 1932년 조선으로 돌아와 〈임자 없는 나룻배〉를 발표함으로써 영화감독으로 데뷔했다. 이후 〈밝아가는 인생〉, 〈바다여 말하라〉, 〈나그네〉, 〈돌쇠〉 등을 발표했으나, 일제강점기 말기 조선총독부의 영화정책 협조를 거부하면서 영화계를 떠나게 된다. 제2차 세계대전 당시 강제징용되나, 해방 이후 다시 영화계로 돌아와 〈민족의 새벽〉, 〈돌아온 어머니〉 등을 감독하고, 이후에도 리얼리즘적 스타일을 견지하며 〈심청전〉, 〈낙화암과 삼천궁녀〉, 〈상처받은 여인〉 등의 작품을 연출했다.

이기영
1895~1984

소설가. 충청남도 아산 출신으로, 1924년 〈개벽〉에 〈오빠의 비밀편지〉가 당선되면서 소설가로 등단했다. 1925년 조선지광사에 취직하고, 카프에 가입했다. 1931년 제1차 카프 검거 사건으로 구속되나, 다음 해 집행유예로 석방됐다. 대표작으로 《서화》 (1933)와 《고향》(1934)이 있는데, 이 중 《고향》은 농민의 삶을 사실적으로 그려내 농민 소설의 정점으로 꼽힌다. 이렇듯 이기영의 소설은 일제강점기 조선의 농촌 현실을 고발하고, 그 모순의 극복을 주제로 다뤘다. 해방 이후인 1945년 조선프롤레타리아 예술연맹을 주도적으로 창립했고, 월북 이후에도 활발한 작품 활동을 펼쳤다. 북한에서 발표한 소설로 《땅》, 《두만강》, 《조국》, 《역사의 새벽길》 등이 있다.

이난영
1916~1965

가수. 전라남도 목포 출신으로, 16세 때 노래를 인정받아 순회 극단에 소속됐다. 일본 순회공연 때 이철에게 발탁돼 1933년 〈향수〉를 취입했다. 1935년 〈목포의 눈물〉이 공전의 히트를 기록하며 가요계 스타로 떠올랐으며, 20세 때 작곡가 김해송과 결혼했다. 이후 〈목포는 항구다〉, 〈다방의 푸른 꿈〉 등으로 당대 최고의 가수가 됐으며, 한국전쟁 때 남편이 납북된 이후 K.P.K악단을 직접 운영했다.

이덕주
1908~1935

독립운동가. 황해도 신천 출신으로, 1932년 상해한인청년당원으로서 유진식과 함께 조선 총독 우가키 가즈시게를 암살하고, 일본의 고관들을 살해하도록 김구에게 지시를 받아 권총 두 자루를 가지고 국내에 잠입해 활동했다. 그해 4월 일본 경찰에 잡혀 해주 형무소에서 복역하던 중 사망했다. 1977년 건국포장, 1990년 건국훈장 애국장 수훈.

이명우
1901~?

영화인. 서울 출신으로, 조선 최초의 촬영기사이며 녹음기사인 이필우의 동생이다. 형의 뒤를 이어 영화계에 들어갔고 조선키네마프로덕션에서 일을 배웠으며, 1927년 김해운 감독의 〈운명〉을 촬영하며 영화계에 데뷔했다. 이후 〈월남 이상재 선생 장례식 실황〉을 감독했고, 이어 〈삼걸인〉, 〈아리랑, 그 뒤의 이야기〉, 〈방아타령〉, 〈임자 없는 나룻배〉, 〈바다여 말하라〉 등을 촬영했다. 1935년 조선 최초의 유성영화인 〈춘향전〉을 감독하고, 다른 유성영화로는 〈장화홍련전〉, 〈수업료〉, 〈복지만리〉 등을 촬영했다. 광복 이후에도 영화계 활동을 이어갔으나, 한국전쟁 때 납북됐다.

이병기
1891~1968

시인, 국문학자. 전라북도 익산 출신으로, 1912년 조선어강습원에서 주시경에게 조선어 문법을 배웠다. 1913년 공립보통학교에 근무하면서 국문학 및 국사에 관한 문헌을 수집, 연구했고, 1921년 조선어문연구회를 조직했으며, 1926년 시조회를 조직해 시조 연구에 매진했다. 1930년 조선어철자법 제정위원이 됐으며, 1942년 조선어학회 사건으로 징역살이를 했다. 광복 이후 미 군정청 편수관을 지냈고, 한국전쟁 이후 전북대학교 문리대학장을 지내다 1956년 정년 퇴임했다.

이병도
1896~1989
親日

역사학자, 친일 반민족 행위자. 경기도 용인 출신으로, 1919년 와세다대학 문학부 졸업 후 중앙고등보통학교에서 7년간 교편을 잡았다. 1925년, 조선총독부 직속 기구이자 《조선사》 편찬 등을 통해 식민 사학 집대성의 역할을 한 조선사편수회의 수사관보에 임명됐고, 1927년 조선사편수회 촉탁을 맡아 활동했다. 1930년 조선과 만주 중심의 극동 문화를 연구하는 청구학회의 위원을 지냈으며, 1934년에는 한국의 언어, 문학, 역사, 민속 등을 연구하는 학자들과 함께 진단학회를 창립하고 〈진단학보〉를 간행했다. 1939년 조선총독부 지원으로 전국 유림단체를 연합하고 정신운동을 촉구하기 위해 조직된 조선유도연합회 평의원을 맡았으며, 해방 이후 진단학회를 재건하고, 이후 사망할 때까지 활동했다. 1945년에는 경성대학 조선사 교수로 임용됐고, 1946년 학제 개편에 따라 서울대학교 문리대 사학과 교수로 재직했다. 1960년 4·19혁명으로 과도 내각이 만들어질 때 문교부 장관에 취임했고, 1962년 서울대학교 명예교수로 추대됐다. 실증적, 객관적 방법을 중시하는 실증 사학을 뿌리내리게 하여 한국 근대사학 성립의 선구자로 평가받지만, 조선사편수회 활동으로 인한 친일 반민족 행위 때문에 많은 비판을 받는다.

이봉창
1901~1932

독립운동가. 서울 출신으로, 유년 시절부터 과자점, 약국 등을 거쳐 용산역에서 인부 일을 했다. 늦게 들어온 일본인이 자신보다 빨리 승진하는 현실에 실망하고 사직서를 냈으며, 1925년 일본으로 건너갔다. 오사카에서 막일을 하다 일본인 조장에게 인정받게 돼 일본인 여럿을 데리고 일하며 일본인처럼 생활했다. 1928년 천황 즉위식을 보기 위해 교토로 갔다가 경찰에게 몸수색을 당하는데, 한국어 편지가 문제가 돼 경찰서에 9일간 구금됐다. 이때 조선인으로서 민족적 정체성을 강렬히 확인하게 됐다. 이후 타이완으로 건너갔다가 옛 친구에게 임시정부 이야기를 듣게 된다. 상하이로 건너온 이봉창은 영국인 전차 회사에 취직할 수 있게 도움을 요청하려고 임시정부를 찾았다가 김구를 만나고, 천황 암살 계획에 동참하게 된다. 이후 김구의 권유에 따라 일본인들이 주로 사는 홍커우로 가서 일본인 행세를 하며 생활하다 3~4개월에 한 번씩 임시정부를 방문해 천황 처단 준비 사항을 협의했다. 상하이에 들어온 때부터 1년 뒤, 김구는 이봉창의 결의를 다시 확인하고, 이봉창은 김홍일이 제공한 폭탄을 가지고 일본에 도착한다. 1월 8일 도쿄 교외 연병장에서 열리는 육군 관병식에 천황이 참석한다는 신문기사를 보고 이봉창은 이날을 거사일로 계획했다. 거사 당일, 천황 행렬 중에서 천황이 탔다고 예상한 두 번째 마차에 폭탄을 던졌지만, 마차는 바퀴에 약간의 손상을 입었을 뿐 그대로 달려나갔고, 일본 경찰이 엉뚱한 이를 체포하는 것을 본 이봉창은 스스로 자수하고 잡혀갔다. 재판 이후 이봉창에게는 사형이 선고됐고, 1932년 10월 사형이 집행됐다. 1962년 건국훈장 대통령장 수훈.

이석영
1855~1934

독립운동가. 이조판서를 지낸 이유승의 둘째 아들이자 이회영의 형이다. 1910년 동생 이회영의 권유로 가곡리의 모든 땅과 재산을 처분해 자신의 6형제와 그의 가족들을 데리고 만주로 이주했고, 경학사, 신흥무관학교 등 독립운동 기지 건설에 운영자금을 댔다. 1934년 중국 상하이에서 80세의 나이로 사망했다. 1968년 대통령 표창, 1991년 건국훈장 애국장 수훈.

이선룡
1910~?

독립운동가. 경기도 이천 출신으로, 1927년 만주로 갔으며, 1929년 국민부 산하 조선혁명군에 소속돼 활동했다. 1932년 조선혁명군 결사대원으로 특임됐고, 군자금을 모집해오라는 특명을 받아 평북 신의주를 거쳐 국내로 잠입했다. 이선룡은 고향이자 경기, 강원, 충청 접경지대이며 교통 요지인 경기 이천 장호원까지 침투했고, 친일파 민영휘가 설립한 식민지 금융기관인 동일은행 장호원지점을 습격해 1만 3,000여 원에 달하는 거액을 탈취하는 데 성공했다. 이후 추격해오는 일본 경찰과 교전하며 경기, 강원, 충청 일대에서 큰 반향을 불러일으켰다. 결국 4월 5일 체포되지만 식민 통치 당국에 큰 충격을 준 것은 물론, 만주 지역 항일투쟁 조직들이 활발히 활동하고 있음을 민중들에게 보여주었다. 징역 15년 형을 선고받고 옥고를 치루다 감형돼 1941년 출감했다.

이순금
1912~?

사회주의자. 울산 출신으로, 조선공산당 총무부장을 맡은 이관술의 여동생이다. 1930년 동덕여자고등보통학교로 전학해 독서회를 조직하는 등 반제동맹 동덕여자고등보통학교 책임자로 활동했다. 1932년 졸업한 이후 영등포 제사공장 등에 취업해 파업 선동, 조직 활동을 하고, 경성학생RS협의회 사건으로 검거되나 불기소처분을 받았다. 이후 경성고무공장의 여성노동자들을 조직해 적색노조운동을 벌였는데, 이로 인해 징역 2년을 선고받고 1937년 출옥했다. 1939년에는 경성콤그룹에 참여해 조직원들 간의 연락을 담당했다. 해방 이후에는 조선공산당 서기국원이 됐으며, 1946년 민주주의민족전선 중앙위원에 선임되고, 남조선노동당 중앙위원 및 남조선민주여성동맹에 가입했다. 월북 이후 1955년 북한의 박헌영 재판에 증인으로 참석했다.

이시영
1869~1953

독립운동가. 서울 출신으로, 이조판서를 지낸 이유승의 아들이다. 1885년 관직에 나갔고 1895년 물러난 뒤로 형인 이회영 등과 함께 근대 학문 연구에 몰두했다. 1905년 다시 관직으로 나가나 을사늑약의 강제체결을 계기로 물러났다. 이후 안창호, 전덕기 등과 함께 비밀결사 신민회를 조직해 활동했다. 국권피탈 이후 국외 독립운동 기지 건설을 위해 6형제의 재산을 처분하고 서간도 삼원보로 이주했으며, 1911년 경학사, 신흥강습소 설립을 주도하고, 1919년 베이징에서 3·1에 호응해 항일운동을 전개했다. 이회영, 이동녕 등과 상하이 대한민국임시정부 수립에 참여하고 임시정부 초대 법무총장에 선임됐으며, 1926년 무렵까지 임시정부 국무위원을 지냈다. 이후 1930년 한국독립당 창당과 당 감찰위원장을 역임하며 1933년 임시정부 국무위원 겸 법무위원이 되고, 1935년 한국국민당을 김구 등과 함께 창당했으며 1938년 충칭으로 이동한 임시정부의 국무위원, 재무부장, 의정원 의원 등을 역임했다. 광복 이후 임정 국무위원 자격으로 귀국한 이래 1946년 대한독립촉성국민회 위원장 및 대종교 주요 직책을 맡았다. 또한 신흥무관학교 부활위원회를 조직하고 1947년 성재학원을 설립했으며 이후 신흥전문학관으로 발전시켰다. 1948년 제헌국회에서 실시한 정부통령 선거에서 대한민국 초대 부통령에 당선되나, 대통령 이승만의 전횡에 반대하며 1951년 부통령직을 사임하면서 국정 혼란과 사회 부패상에 대한 책임을 통감한다는 내용의 대국민 성명서를 발표했다. 1952년 제2대 대통령 선거에서 민주국민당 후보로 출마하나 낙선했다. 1949년 건국훈장 대한민국장 수훈.

이애리수
1911~2009

배우, 가수. 황해도 개성 출신으로, 본명은 이음전이다. '애리수'는 서양식 이름인 '앨리스'를 차명한 것이다. 1919년 배우로 데뷔해 〈약혼한 처녀〉, 〈화차 생활〉, 〈무언의 회오〉, 〈사랑의 승리〉, 〈사막의 광상곡〉 등에 출연했고, 1930년대부터 대중 가수로 활발히 활동했다. 1931년 〈메리의 노래〉, 〈라인강〉, 〈부활〉 등 번안곡을 불렀고, 1932년 후일 〈황성 옛터〉로 알려지는 〈황성의 적(跡)〉을 음반 발매해 공전의 히트를 기록했다. 〈황성의 적〉은 특히 이애리수의 애절한 음색으로 망국의 비애와 민족 정서를 표현했기에 일제강점기 시절 대표 가요로 평가된다. 이후 〈고요한 장안〉, 〈에라 좋구나〉 등 인기곡을 여럿 발표하지만, 1933년 애정 문제로 음독자살 소동이 벌어진 뒤

배동필과 결혼하면서 연예계를 은퇴했다. 이뒤 대중 앞에 다시 나서지 않았고 99세를 일기로 사망했다.

이유필
1885~1945

독립운동가. 평안북도 의주 출신으로, 경성법학전문학교를 졸업하고 신민회에 가담했다가 105인 사건에 연루돼 윤치호, 양기탁 등과 함께 전남 진도로 유배됐다. 1919년 의주에서 3·1에 참여하고 상하이로 망명했으며, 대한민국임시정부가 수립될 당시 내무부 비서국장 겸 임시공채관리국장을 맡았다. 1920년 미국의원단이 한국을 방문할 당시, 안창호, 여운형 등과 함께 의원단을 접대하며 한국의 독립운동을 설명하고 지원을 요청했다. 1922년 김구, 양기하 등과 함께 한국노병회를 조직하고 이사 및 경리부장 등을 맡았으며, 1923년 교민단 단장 겸 인성학교 교장으로 활동하며 독립운동가들의 자녀 교육과 인권 옹호에 힘썼다. 그 후 교민단의 회계검사원, 임시정부 국무원, 한국노병회 이사장을 역임하고, 1926년 임시정부 재무장이 됐다. 특히, 1926년 병인년에는 임시정부가 의열투쟁을 주목하면서 결성된 병인의용대의 대장을 맡아 다양한 의열투쟁들을 지도했다. 1932년 윤봉길 의사의 홍커우 의거를 계기로 일본 경찰에 붙잡혀 3년 형을 언도받고 복역했다. 1963년 건국훈장 독립장 수훈.

이윤재
1888~1943

국어학자, 독립운동가. 경상남도 김해 출신으로, 교사로 재직하던 중 3·1에 관련돼 평양 감옥에서 3년간 복역했다. 1921년 중국 베이징대학 사학과에서 공부한 뒤 1924년 귀국해 여러 학교에서 교사로 재직했다. 1927년《조선어사전》편찬위원이 됐고, 민족정신의 계승을 위한 잡지 〈한빛〉에 관여했다. 1929년 조선어연구회에서 활동하며 1930년 한글 맞춤법 통일안 제정위원으로 국어 연구의 최전선에 나서게 됐다. 1931년부터 4년간 여름마다 〈동아일보〉, 〈조선일보〉에서 개최한 한글 강습회 강연차 지방을 순회했고, 1932년 조선어학회 기관지 〈한글〉의 편집 및 발행, 1934년 진단학회 창립에 참여하는 등 활발한 활동을 벌였다. 1937년 수양동우회 사건으로 1년 반을 감옥에서 보낸 뒤, 1941년 기독신문사 주필로 일하면서 《우리말 사전》편찬에 주력하다가, 1942년 조선어학회 사건으로 경찰에 붙잡혀 함흥 형무소에 복역하던 중 옥사했다. 1962년 건국훈장 독립장 수훈.

이은상
1903~1982

작가, 사학자. 경상남도 마산 출신으로, 아버지가 설립한 마산 창신학교 고등과를 졸업하고, 연희전문학교 문과에 진학했다. 1924년 〈조선문단〉 창간 무렵부터 본격적인

문학 활동에 들어가는데, 이 잡지를 통해 평론, 수필, 시 등을 여럿 발표했다. 1926년 시조 부흥 논의가 본격화되면서 시조를 비롯한 국학 쪽으로 많은 활동을 벌였으며, 1930년대 후반부터 시조인으로서 더 심화된 활동을 벌이는데, 시조를 쓰고, 당시(唐詩)를 시조 형식으로 번역하고 시조 이론을 전개하기도 했다. 1932년 펴낸 첫 시조집 《노산시조집》에는 향수, 감상, 자연 예찬 등의 특징이 나타나는데, 이 중에서도 〈고향 생각〉, 〈가고파〉, 〈성불사의 밤〉등은 그 서정성이 감미로워 가곡으로 만들어져 많이 불렸다. 1934년 진단학회 창립을 함께하고, 1942년에는 조선어학회 사건으로 함흥 형무소에 구금되나 이듬해 기소유예로 석방됐다. 1945년 사상범 예비검속으로 유치 돼 있던 중 광복과 함께 풀려났다.

이을규
1894~1972

독립운동가. 충청남도 논산 출신으로, 1919년 3·1 직후 서울에서 조직된 독립대동단 에서 활동했다. 독립대동단이 일본 경찰에 알려져 본부를 상하이로 옮기려던 중 의친왕을 수령으로 삼고 상하이로 망명시키는 계획에 참여했다. 11월 11일 이을규와 함께 만주 안둥역에 도착한 의친왕은 추격해온 일본 경찰에 검거되고, 이을규는 포위망을 뚫고 탈출했다가 이듬해 1월 체포됐다. 2년의 옥고를 치른 뒤 상하이로 건너가 의열단에 가담했고 무기 제조 및 무장 훈련에 전력을 다했다. 1924년 이회영, 유자명 등과 함께 재중국조선무정부주의자연맹을 결성하고, 1929년에는 김좌진이 주도한 한족총연합회에 참여해 무정부주의 운동을 전개했다. 1963년 대통령 표창, 1990년 건국훈장 애족장 수훈.

이재유
1905~1944

사회주의 독립운동가. 함경남도 삼수 출신으로, 1926년 일본대학에 다니다 학비 문제로 퇴학하고, 1927년 일본의 야학노동학교에 다니면서 공산주의와 노동운동에 관심을 갖게 됐다. 이후 전국무산자평의회, 도쿄 합동노동조합 등에서 활동했으며, 1927년 조선공산당 일본총국과 고려공산청년회 일본총국 위원으로 있으면서 요시찰인이 됐다. 결국 제4차 조선공산당 관련자로 검거돼 조선으로 보내졌다. 1933년 만기 출옥 이후 이현상, 김삼룡, 변홍대, 안병춘, 이종희, 이순금 등과 함께 서울 지역을 중심으로 대중적 노동운동을 전개했다. 이른바 경성 트로이카 운동이었는데, 이전의 조선 공산주의 운동이 주로 지식인과 전위의 역할을 강조했다면, 경성 트로이카는 노동자 대중의 주체성과 자발성을 강조한 현장 중심의 운동이었다. 이재유는 활발한 활동을 펼치지만 결국 1년 만인 1934년 1월, 일본 경찰에 체포됐다. 같은 해 4월 극적으로 감옥에서 탈출해서는 경성제국대학 미야케 교수의 대학 관사 방밑에 은신했고, 이후 박진홍, 이관술, 박영출 등과 함께 혁명적 노동조합 조직을 위해 다시 노력했다. 1935년 양주군 공덕리에 정착해 이관술과 함께 〈적기〉를 발행하는 등 공산주의 활동을 지속적으로 벌이다 1936년 12월 체포됐고 서대문 형무소에서 복역했다. 형무소에 있으면서도 조선어 사용 금지 반대 및 수감자 처우 개선 등의 활동을 전개했으며, 형기 만류 이후에도 전향을 거부해 석방되지 못했다. 1944년 10월 40세의 나이로 옥사했다. 2006년 건국훈장 독립장 수훈.

이정규
1864~1945

의병장. 충청북도 제천 출신이다. 유인석의 제자로 을미의병 때 유인석 부대 참모장으로서 많은 전과를 올렸다. 1896년 3월, 유인석과 함께 판서 심상훈의 제의를 받고 조정에 의병의 입장을 전하러 올라갔으나, 논의가 제대로 이루어지지 않고 오히려 의병과 관련된 인물들의 체포가 시도되자 탈출했다. 9월에는 유인석을 호위해 서간도 통화현으로 망명했다. 의병에 종군한 기록을 모아 《종의록(從義錄)》을 남겼다. 1977년 건국포장, 1990년 애국장 수훈.

이필우
1899~1978

영화인. 서울 출신으로, 조선 최초의 유성영화 〈춘향전〉을 감독한 이명우의 형이다. 어릴 때부터 동생 이명우와 함께 사진 촬영, 현상 등의 작업에 관심을 가졌고, 1913년 우미관 영사기사로 일하면서 영화 기술을 익혔다. 1920년 영화기술을 배우기 위해 일본 오사카로 건너갔고 고사카촬영소에서 촬영, 현상 관련 기술을 배웠으며, 1923년 귀국해 〈지기〉를 촬영함으로써 최초의 조선인 촬영기사가 됐다. 1924년에는 단성사 촬영부 전속 기사로서 순전히 한국인에 의해 제작된 〈장화홍련전〉의 촬영, 현상, 편집을 맡아 영화 기술 분야에서 최고의 위치를 차지하게 됐다. 촬영뿐 아니라 각색, 감독, 제작 등 영화제작 관련 전반에 탁월한 재주를 보여 〈쌍옥루〉, 〈멍텅구리〉, 〈낙원을 찾는 무리들〉, 〈낙양의 길〉 등의 제작에 참여하면서 활발한 활동을 이어갔다. 미국에서 시작된 유성영화가 한반도에 처음 소개되자 연구를 거듭했고 7년 만인 1933년, PKR발성장치 개발에 성공했으며 1935년 이 장치를 활용해 조선 최초의 유성영화 〈춘향전〉을 만듦으로써 한국 영화계 발전에 새로운 한 획을 그었다.

이호원
1891~1978

독립운동가. 충청남도 공주 출신으로, 3·1혁명에 참가한 뒤 광한단을 조직해 군자금을 모으다 체포되어 복역하고, 1928년 출옥했다. 이후 만주로 망명해 정의부의 화흥중학 교원으로 활동했다. 1929년 조선혁명당 결성 당시 중앙집행위원이 됐고, 1931년 제3차 당대회에서 집행위원장으로 선임돼 활동하던 중 신빈 사건으로 체포됐고, 징역 7년을 선고받았다. 2000년 건국훈장 독립장 수훈.

이홍광
1910~1935

독립운동가. 경기도 용인 출신으로, 1925년 부모를 따라 만주로 이주했고, 1927년 중국공산당 산하 재만농민동맹에 가입해 이통현 일대의 농민운동에 적극 참여했다. 1930년 중국공산당에 입당, 이통현 당 지부 서기를 맡았고, 반일회와 농민회를 조직하는 등 항일운동에 주도적으로 나섰으며, 1931년 만주사변 이후에는 한인 청년들을 적위대(일명 개잡이대)로 조직하고 항일 무장투쟁을 적극 전개했다. 1932년 6월 기존의 적위대를 반석공농반일의용군(일명 반석유격대)으로 확대 개편하고 제2분대 정치위원을 맡았으며, 같은 해 12월 중국공산당의 방침에 따라 반석공농반일의용군이 중국 노농홍군 제32군 남만유격대로 개편될 당시 참모장을 역임했다. 1933년 일본군과 만주군에 맞서 60여 차례의 공방전을 벌이며 끈질기게 투쟁해 부대 규모도 250여 명으로 증가했는데, 그중 4분의 1가량이 한인이었다. 같은 해 중국공산당의 항일 민족통일전선 방침이 강화되면서 남만유격대가 동북인민혁명군 제1군 독립사로 개편됐는데, 이때 참모장이 되어 3분의 1가량이 한인으로 구성된 300여 명의 대원을 지휘했다. 다양한 활동을 통해 만주국 통치에 타격을 주었고, 1934년 동북인민혁명군 제1군 독립사가 700여 명 규모가 되었을 때 동북인민혁명군 제1군 제1사 사장을 맡았다. 1935년 2월 13일 새벽, 200여 명의 병력을 이끌고 평안북도 후창군 동흥읍을 기습 공격해 국내외에 큰 반향을 일으켰고, 이때 당시 일본인 및 친일 부호로 지목된 10여 명을 응징했는데, 이로 인해 일본의 추격을 받게 됐다. 1935년 남만주 노령에서 일본군 및 만주군과 전투를 벌이다 26세의 나이로 전사했다.

이희승
1896~1989

국어학자, 독립운동가. 경기도 광주 출신으로, 주시경의 조선어강습원에서 한글과 국문법을 배우며 독립을 향한 의지를 품었다. 1930년대 조선어학회에 참여해 한글 맞춤법 통일안과 표준어 사정 사업의 완성에 기여했고, 1934년 진단학회 창립 시 발기인으로 참여해 국학운동에 매진했으며, 1942년에는 조선어학회 사건에 연루돼 광복될

때까지 복역했다. 해방 후 서울대학교 국어국문학과 교수로 부임해 국어 연구를 지
속했다. 저서로 《한글맞춤법강의》(1946), 《조선어학논고》(1947), 《국어학개설》(1955)
등이 있으며 이를 통해 우리나라 국어학 연구의 기틀을 닦았다. 1961년에는 《국어대
사전》을 간행했다. 1962년 건국훈장 독립장 수훈.

임민호
1904~1970

사회주의 독립운동가. 함경북도 회령 출신으로, 1923년 고려공산청년회 간도지부
에 몸을 담았고, 1926년에는 조선공산당 만주총국에 입당, 고려공산청년회 동만주
국 청년부장을 맡았다. 1928년부터 1932년까지 모스크바의 동방노력자공산대학에
서 수학했으며, 졸업 후 연해주와 함경 지방에서 주로 사회주의 계열의 노동조합운
동을 이어갔다. 1933년에는 3·1혁명 14주년을 기념해 격문을 살포하다 체포돼 6년
간 옥고를 치렀고 해방 후에는 만주에 자리를 잡고 중국공산당에 입당해 연변조선
족자치주에서 정치 활동을 했다. 문화대혁명 기간 중 숙청당했다. 2008년 건국훈장
애족장 수훈.

임화
1908~1953

문학가, 문학평론가. 서울 출신으로, 본명은 임인식이다. 보성중학을 중퇴하고 1926년
부터 문학작품을 발표하며 프롤레타리아 사상과 다다이즘에 관심을 갖던 중, 1928년
카프에 가입했다. 김남천 등과 함께 소장파를 이루고 '예술운동의 볼셰비키화'를 주
장하며 카프의 제2차 방향 전환을 이끌었다. 1932년 카프 서기장으로 활동했으며,
1934년 신건설사 사건으로 카프가 대대적인 탄압을 받자 동대문경찰서 고등계에 카
프 해산계를 제출하고 나왔다. 1935년 카프가 해체되자 이후 출판사를 운영하면서
일제의 신체제 문화운동에 협조했다. 해방 후에는 조선문학가동맹 주최 제1차 전국
문학자대회를 개최했고, 1947년 11월 월북했다. 이후 1953년 8월, 남로당 인물들과
함께 숙청, 처형됐다. 1920~30년대를 대표하는 문학가 중 한 명으로, 주요 작품으로
는 《현해탄》, 《찬가》 등의 시집과 평론집 《문학의 논리》 등이 있다.

장회건
1900~?

사회주의자. 함경남도 함주 출신으로, 함흥청년동맹, 신간회 함흥지부 등에서 활동
했다. 1930년 태평양노동조합의 지시로 적색노동조합운동 확산을 위해서 함흥자유
노동조합을 결성하고 기관지 〈노동신문〉을 발간했으며, 1932년 4월 메이데이를 앞
두고 제2차 태평양노동조합 사건으로 검거돼 10년 형을 선고받고 함흥 형무소에서
복역했다.

전수린
1907~1984

음악가. 경기도 개성 출신으로, 어려서부터 교회와 송도고등보통학교에서 바이올린을 배웠다. 동방예술단에서 반주 담당으로 활동하던 중 20대 초반에 작곡한 〈황성의 적〉이 인기를 끌면서 유명세를 얻었고, 이후 〈알뜰한 당신〉, 〈나는 열일곱 살〉, 〈무정〉 등의 곡을 발표했다. 1942년 창씨개명을 하고 다마가와 위문대를 조직, 만주와 일본 등지를 돌아다니며 한국 출신 노무자들을 위로했다. 해방 후에는 한국가요반세기작가동지회의 초대 회장을 지냈다.

정달헌
1899~?

사회주의자. 함경남도 홍원 출신으로, 개성 송도고등보통학교, 서울의 연희전문학교에 입학했다. 1924년 신흥청년동맹 가입에 이어 1926년에는 고려공산청년회에 가입하고 조선공산당에 입당하는 등 사회주의 운동가의 길을 걷기 시작했다. 1926년부터 1930년까지는 조선공산당의 추천을 받아 모스크바의 동방노력자공산대학에서 수학했고, 귀국한 후 주로 함경남도 지방의 노동운동에 주력했다. 조선질소비료주식회사 흥남공장 노동자를 대상으로 사회주의를 가르치고, 적색노동조합 결성을 지도하는 연구회를 조직했다. 1931년 일경에 검거돼 1938년까지 복역했으며, 출소 후 다시 검거돼 해방 때까지 감옥에 있었다. 해방 후에는 서울에서 조선노동조합 전국평의회 준비위원회를 결성하고 북조선 지역 조사위원으로 활동했으며, 조선공산당 함경남도 책임비서로도 활약했다. 그러나 김일성 계열에 반소분자로 몰려 정치계에서 축출됐다.

정지용
1902~1950

시인. 충청북도 옥천 출신으로, 휘문고등보통학교를 나와 교토의 도시샤대학에서 영문학을 전공했다. 휘문고등보통학교 재학 시절부터 〈요람〉 동인으로 활동했으며, 일본 유학 중에는 〈학조〉, 〈조선지광〉, 〈근대 풍경〉 등의 지면을 통해 작품 활동을 했다. 1929년 졸업 후에는 휘문고등보통학교 영어과 교사로 재직하면서 시 활동을 이어갔고, 박용철, 김영랑과 함께 시문학 동인을 결성하고 〈시문학〉을 발간했으며, 1933년에는 순수문학을 지향하는 이들과 함께 9인회를 결성했다. 1935년 《정지용 시집》을 출간하고, 1939년부터 〈문장〉의 추천 위원으로 활동하면서 후진 발굴에 힘써 박두진, 박목월, 조지훈 등의 등단을 도왔다. 태평양전쟁 발발 후에는 일제에 협력하는 내용의 시를 발표하기도 했으나 이후 활동을 중단하고 은거했다. 해방 후에는 조선문학가동맹의 아동분과 위원장으로 활동하기도 했으나 국민보도연맹에 강제 가입된 후 한국전쟁이 발발하면서 서대문 형무소에 수감됐다. 북한 〈통일신보〉는 1993년 4월 보도 내용에서 정지용이 1950년 당시 북한으로 피랍되던 중 미군 폭격으로 사망했다고 언급했다.

조경한
1900~1993

독립운동가. 전라남도 승주 출신으로, 1919년 3·1혁명을 맞이한 후 만주로 이주해 독립운동에 가담했다. 1930년 한국독립당 창립 요원으로 지청천 등과 함께 활동했으며, 완바오산(만보산) 사건 후 한국독립군을 일으켜 쌍성보전투에서 승리하는 등 중국군과 연합해 일본군과 전투를 벌였다. 1933년에는 영안현전투, 대전자전투 등에서 승리를 거뒀다. 그러나 만주사변 이후 만주국이 수립되면서 활동이 어려워지자 중국 영내로 이동해 한국대일전선통일동맹을 조직하고 민족혁명당의 조직부장 김두봉 휘하에 편입됐다. 1937년에는 김구, 조소앙 등이 함께 조직한 광복진선에서 선전위원으로 활동했고, 1939년에는 대한민국임시정부 임시의정원의 충청도의원으로서 1944년까지 직책을 수행했다. 1940년 한국독립당의 창립에 기여하고 한국광복군 창군에도 참여했으며, 해방 전까지 광복군 총사령부 주계장, 제2지대 정훈조장, 국무위원회 부비서장, 국무위원 등을 역임했으며 해방 직전에는 국내 공작위원회를 구성했다. 광복 후에는 제6대 국회의원, 독립유공자협회장 등을 지냈다. 1962년 건국훈장 독립장 수훈.

조두원
1903~1953

사회주의자. 강원도 양양 출신으로, 1925년 정달헌 등과 함께 사회주의 학생운동단체인 조선학생과학연구회의 집행위원으로 활동했다. 1926년 6·10운동 투쟁지도위원회를 통해 학생운동을 이끌고, 조선공산당에 입당하나 일제의 검거를 피해 모스크바로 탈출했다. 모스크바 동방노력자공산대학에서 수학하고, 코민테른의 지시에 따라 1929년 김단야 등과 함께 조선공산당 재조직을 위해 원산으로 잠입했다. 조선공산당 재조직준비위원회 결성에 참여하고 박민영 등과 함께 광주학생운동을 조직하던 중 1930년 체포돼 1933년까지 복역했다. 출소 시 사상 전향을 선언했고, 한때 친일단체인 대화숙에서 일본어 교사로 활동하기도 했다. 해방 후에는 서울계와 화요회계가 중심이 된 조선공산당 장안파에 합류했으며, 남조선노동당 중앙위원회 등에서 활동했고, 1947년 월북해 문화선전성 부상을 지내는 등 북한에서 정치인으로 활약했으나 1953년 박헌영 남로당 종파 사건에 연루됐고 임화 등과 함께 간첩 혐의를 받아 처형됐다.

주영하
1908~?

사회주의자. 1930년 흥남의 조선질소비료회사의 직공으로 일하던 중 김인덕, 한주교와 함께 정달헌을 고문으로 하는 좌익 이론 연구회를 조직했다. 1931년 좌익노동조합 결성준비회로 개칭하고, 조선적색노동조합 함남위원회 함흥위원회의 책임을 맡아 노동운동 분야에서 활동했다. 그러던 중 평양적색노조 사건으로 1935년 체포돼 6

년 형을 선고받았다. 해방 후에는 원산시 인민위원회 위원장, 북조선 노동당 중앙위원회 상무위원 및 정치위원을 역임했으며 최고인민회의 제1기 대의원을 지내기도 했고, 1948년 10월에는 주소련대사로 부임했다. 1953년 종파분자 혐의를 받아 숙청된 후 행적을 알 수 없게 됐다.

차이석
1881~1945

독립운동가. 평안북도 선천 출신으로, 1904년 숭실학교를 졸업하고 1907년부터 대성학교에서 교사로 재직하던 중 신민회에 가입, 독립운동을 시작했다. 1911년 105인 사건으로 체포됐고 복역 후 1913년에 출소했다. 1919년 3·1혁명에 적극 가담한 후 4월에 상하이로 떠나 대한민국임시정부 수립에 참여했으며, 〈독립신문〉 기자로서 독립 정신을 알리고 항일 정신을 고취시키는 등의 활동을 전개했다. 1922년부터는 임시의정원의 평안도 선출 의원으로 참여했으며, 1930년 임시의정원 부의장에 선출됐다. 임시정부 외적으로는 1930년 김구 등과 함께 한국독립당을 창당하고 간부를 지낸 바 있으며, 안창호와 함께 국민대표회의에서 독립운동단체 간 이견을 조정하는 데 힘썼고, 흥사단에서도 중추적인 역할을 했다. 1933년 의정원 회의에서 김구, 이동녕 등과 함께 국무위원에 임명돼 해방 때까지 임시정부의 명맥을 지키고자 책임을 다했으며, 한국국민당 창당에도 기여했다. 광복을 맞이한 후에는 국내 입국을 위해 준비하던 중에 충칭에서 사망했다. 1962년 건국훈장 독립장 수훈.

채만식
1902~1950
親日

소설가, 친일 반민족 행위자. 전라북도 옥구 출신으로, 임피보통학교를 졸업하고 상경해 중앙고등보통학교를 나왔다. 일본으로 유학해 제일와세다고등학원을 다니던 중 중퇴하고, 귀국해서 〈조선일보〉, 〈동아일보〉 등에서 기자 생활을 했다. 1924년 소설 〈새길로〉를 발표하고 등단한 후 많은 소설과 희곡, 평론, 수필을 썼다. 1930년대에 대표작들이 주로 발표됐는데, 장편으로 《탁류》(1937), 《천하태평춘》(1938), 단편으로 〈레디메이드 인생〉(1934), 〈치숙〉(1938) 등이 있다. 1940년대에도 활발히 작품 활동을 이어가 《아름다운 새벽》(1942), 《어머니》(1943), 《여인전기》(1944) 등을 발표했다. 희곡으로는 〈제향날〉(1937), 〈당랑의 전설〉(1940)이 있다. 1940년대 들어서는 징병과 지원병제를 선전, 선동하는 글을 쓰고, 예술 부문 관계자 연성회, 보도특별정신대, 생산지 증산 위문 파견 등 친일 활동에 적극 참여했다. 친일 행적이 있는 자들은 대부분 해방 후에 과거를 부정하는 가운데, 채만식은 자신의 친일 행적을 뉘우치는 '민족의 죄인'이라는 글을 썼다. 1950년 폐결핵으로 사망했다.

최창익
1896~1957

사회주의자. 함경북도 온성 출신으로, 일본의 와세다대학에 유학해 정치경제과를 전공했으며, 이곳에서 학우회를 조직하고 강경, 전주 등지에서 순회강연을 하던 중 일경에 체포됐다. 1923년 고려공산청년동맹에 참여하고 조선노동대회 발기회를 주도했으며, 1924년에는 조선청년총동맹 결성에 기여했다. 1925년 만주에 건너가 신민부 내에서 공산주의자 동맹을 조직하는 데 힘썼으며 1926년에는 연해주에서 활동했다. 1927년 조선공산당에 가입해 활동하던 중 제3차 공산당 사건으로 검거됐고 1935년까지 복역했으며, 출소 후 중국으로 탈출해 조선민족혁명당에 참여하고 이곳에서 허정숙과 결혼했다. 1938년 조선민족혁명당의 노선에 불만을 품고 탈당해서는 재무한 조선청년전시복무단을 조직하고 이후 조선민족전선연맹에 합류했다. 조선민족전선연맹의 군사 기구로 창설된 조선의용대에서 지도위원을 맡았으며, 1941년에는 산시성에서 조선청년연합회를 결성하고 1942년에는 김두봉, 무정 등과 함께 화북조선독립동맹을 창건해 중국 내에서의 항일투쟁을 지속적으로 전개했다. 해방을 맞이하자 평양으로 귀국해 북조선노동당 중앙위원회의 상무위원이자 정치위원으로 임명됐고, 1952년에는 부수상까지 지냈다. 그러나 1956년, 김일성 독재체제를 비판했다가 옌안파로 몰려 숙청당하고(8월 종파 사건) 역사에서 사라졌다.

최현
1907~1982

사회주의자. 함경남도 해남 출신으로, 아버지가 홍범도와 함께 독립군에 가담한 바 있다. 어린 시절부터 민족주의의 영향을 받고 독립군에서 활동했으며 1920년 간도참변으로 어머니를 잃었다. 만주에서 동만청년총동맹에 가입해 활동하다 중국 군벌에 체포돼 7년 동안 옥고를 치르던 중 사회주의자가 됐고, 1932년 출옥 후 옌지현에서 유격대에 가입해 활동하던 중 1933년 김일성을 만났다. 이후 동북항일연군 제1단 단장을 맡아 보천보전투에 참가하고 일본군에 대승을 거뒀으며, 1940년에는 일본군을 피해 연해주로 이동했다. 광복을 맞이한 후에는 김일성 등과 함께 귀국해 북한 초기 군인으로서 경력을 시작했다. 한국전쟁 중에는 북한군 제2군단장으로서 유엔군의 배후에서 유격전을 수행했고, 전쟁 후에는 조선노동당 제3차 대회에서 중앙위원회 위원으로 선출되고 이후 내각 체신상, 민족보위상, 당 정치·군사위원, 인민무력부장 등을 역임했다. 1997년까지 북한에서 김일성사회주의청년동맹 제1비서를 지낸 최룡해가 아들이다.

최현배
1894~1970

국어학자, 독립운동가. 울산 출신으로, 1910년부터 주시경의 조선어강습원에서 한글과 국문법을 3년간 수학했다. 1919년 일본 히로시마고등사범학교를 졸업하고 1920년 동래고등보통학교에서 교편을 잡았으며, 1922년 교토제국대학 철학과에서 교육학을 전공했다. 1926년 귀국 후에는 연희전문학교 교수로 재임했다. 한글 연구에 대한 열망을 놓지 않았던 최현배는 조선어연구회에 가입하고 우리말로 된 사전을 편찬하고자 조선어사전편찬회에 참여했으며, 한글 맞춤법 통일안 제정에도 기여했다. 1934년에는 《중등조선말본》을 간행했다. 1938년에는 흥업구락부 사건에 연루돼 교수직을 잃었는데, 이때 한글 연구에 더욱 매진해 한글 연구의 체계화를 추구한 《한글갈》을 발간했다. 1941년 연희전문학교에 복직하자마자 조선어학회 사건으로 체포됐고, 광복을 맞이할 때까지 복역했다. 해방 후 미 군정청 편수국장, 문교부 편수국장 등을 역임했으며, 국어 연구를 지속해 《글자의 혁명》(1947), 《한글의 투쟁》(1958), 《한글 가로글씨 독본》(1968) 등을 펴냈고, 우리말에 남아 있는 일본어 잔재를 청산하고자 우리말 도로 찾기 운동을 전개했다. 이를 통해 교과서에서 한글만으로 가로로 쓰는 체제를 확립하게 됐다. 1962년 건국훈장 독립장 수훈.

최흥식
?~?

독립운동가. 서울 출신으로, 인쇄소 견습공으로 일하던 중 상하이에 망명해 김구의 한인애국단에 합류했다. 1932년 유상근, 이성원 등과 함께 김구의 지시를 받아 관동군 사령관 혼조 시게루와 남만철도주식회사 총재 등을 처단하고자 만주로 출발했다. 처단 대상이 국제연맹 조사단을 환영하고자 다롄으로 이동한다는 정보를 듣고 동지 김정순의 집에서 잠복하던 중 체포돼 유상근과 함께 무기징역을 선고받았다. 1991년 건국훈장 애국장 수훈.

허형식
1909~1942

사회주의자. 경상북도 선산 출신으로, 아버지가 의병이었던 허필이었다. 1915년 가족을 따라 만주로 이주, 퉁화현에서 거주하다 1929년 헤이룽장성으로 이주해 사회주의 운동에 가담했다. 1930년 중국공산당에 가입하고 같은 해 5월 간도 봉기에 참가했으며 하얼빈의 일본영사관 습격을 단행했다가 체포돼 1년간 옥고를 치렀다. 만주사변 직후 출옥해 중국공산당 만주성위 빈현 특별지부의 선전원이 됐고, 1933년에는 만주에서 반일유격대 결성에 일조했다. 항일유격대에서 정치위원, 대대장 등을 역임하고, 1935년 항일유격대가 동북인민혁명군의 제3군 제1사로 편성되자 연대장으로서 유수하자전투 등에서 일본군과 맞섰다. 1936년 동북인민혁명군이 동북항일연군으로 재편되자 그 안에서 제3군 제1사 정치부 주임, 의동판사처 사무처 주임 등을 맡았고, 이후 동북항일연군 소속으로 제9군 제3사 사장, 제3로군 총참모장 겸 제3군장 등을 역임하며 해륜현, 영안현 등에서 항일투쟁을 지속적으로 전개했다. 1940년대 들어 동북항일연군이 사실상 궤멸 상태에 빠지고 일부 세력이 연해주로 이동했을 때도 만주에서 투쟁을 이어갔고, 1942년 8월 3일 북만주 경성현에서 전투 중 사망했다.

현제명
1903~1960
親日

음악가, 친일 반민족 행위자. 대구 출신으로, 1924년 평양 숭실학교에서 바이올린, 피아노 등을 배웠다. 1925년 미국으로 유학해 무디(Moody)성경학교, 건(Gunn)음악학교에서 공부하고 1927년 귀국 후 연희전문학교의 음악 전임강사로 일하며 관현악단, 합창단, 중창단 등을 조직하고 음악부를 육성하는 등 음악교육에 힘썼다. 1932년에는 조선음악가협회 창립에 기여했고, 이후 미국 시카고음악연구원에서 박사 학위를 취득했다. 1937년 귀국해서는 친일 행적을 남기는데, 친일 문예단체인 조선문예회에 가입하고, 같은 해 10월 음악보국대연주회에 출연해 수익금을 일본군을 위한 국방헌금에 헌납할 것을 결의했으며, 1938년에는 전향성명서를 발표했고, 이후 1941년에는 조선임전보국단에 발기인으로 참여하고 경성후생 실내악단 주최 연주회에 참여해 내선일체 선전에 가담했다. 해방 후에는 1946년 경성음악학교 교장으로 취임했다가 해당 학교가 서울대학교 음악학부로 편입되면서 초대 음악부장을 맡았다. 1953년에는 한국음악가협회를 창립하고 초대 이사장을 맡았으며, 한국 음악의 국제적 진출 계기를 마련하는 등의 활약을 인정받아 1965년 문화훈장을 수훈했다.

홍기문
1903~1992

국어학자. 충청북도 괴산 출신으로, 홍명희의 아들이다. 1925년 일본에 유학해 사회주의 사상단체인 일월회와 조선무산청년동맹회에서 활동했다. 1926년에는 이종모, 유영준 등과 함께 신흥과학연구회를 결성하기도 했다. 귀국 후에는 카프에 가입했으며, 부친을 도와 신간회 결성에 참여하고 경성지회 선전부에서 활동했으며 1931년에는 중앙위원으로 활동했다. 〈조선일보〉 기자 생활을 하며 국어 연구에 정진했는데 1927년 〈조선문전요령〉을 발표한 바 있고, 1940년 〈조선일보〉 폐간 후에는 창동에 은거한 채 연구를 지속해 해방 후《정음발달사》(1946),《조선문법연구》(1947) 등을 펴냈다. 1948년 월북 후에는 북한의 어문정책에 깊게 관여하며 북한에서 학자의 길을 걸어 1954년 김일성종합대학의 교수직을 맡았고, 1981년에는 사회과학원 원장에 임명됐다. 1981년《조선왕조실록》한글 번역에 참여한 공로로 노력영웅이라는 칭호와 훈장을 받았다.

황의돈
1890~1964

역사학자. 충청남도 서천 출신이다. 유학 가문에서 태어나 어릴 때부터 할아버지에게서 한학과 사학을 배웠고, 1909년 간도로 이주해 명동학교에서 학생들을 가르쳤다. 1911년에는 안창호가 설립한 평양의 대성학교에서 국사를 가르치고 민족의식을 고취시켰다. 1920년부터는 보성고등보통학교에서 20년간 국사와 한문 과목을 맡아 가르쳤는데, 1938년 일제에 의해 학교에서 국사와 국어를 가르칠 수 없게 되자〈조선일보〉에 입사해 기자 생활을 했다. 광복 후 문교부 편수관에 임용됐으며, 단국대학교와 동국대학교에서 교수직을 맡았다.〈갑오혁신운동과 전봉준〉등 한국사에 대한 많은 논문을 남겼으며, 저서로《대동청사》,《조선신사》,《중등조선역사》,《해원문고》등을 남겼다.

이봉창과 김구의 대화

(1931년,《백범일지》중 일부)

제(이봉창) 나이가 31세입니다. 앞으로 다시 31년을 더 산다 해도 과거 반생에서 맛본 방랑 생활에 비한다면 늙은 생활에 무슨 취미가 있겠습니까? 인생의 목적이 쾌락이라면 31년 동안 인생의 쾌락은 대강 맛보았습니다. 그런 까닭에 이제는 영원한 쾌락을 얻기 위해 우리 독립 사업에 헌신하고자 상해에 왔습니다.

그저께 선생(김구)께서 해진 옷 속에서 많은 액수의 돈을 꺼내주시는 것을 받아가지고 갈 때 눈물이 나더이다. 일전에 제(이봉창)가 민단 사무실에 가보니 직원들이 밥을 굶은 듯하여, 제 돈으로 국수를 사다 같이 먹은 일이 있습니다. 그저께 같이 자면서 하시는 말씀은 일종의 훈화로 들었는데, 작별하시면서 생각지도 못한 돈뭉치꺼지 주시니 뭐라 말을 못하겠더이다. 불란서 조계지에서 한 걸음도 나서지 못하시는 선생께서는 제가 이 돈을 가지고 가서 마음대로 써버리더라도 돈은 찾으러 못 오실 터이지요. 과연 영웅의 도량이로소이다. 제 일생에 이런 신임을 받은 것은 선생께 처음이요 마지막입니다.

사진관으로 가서 기념사진을 찍을 때 내(김구) 얼굴에 자연 처연한 기색이 있었던지 이씨(이봉창)가 오히려 나를 위로한다. "저는 영원한 쾌락을 향유코져 이 길을 떠나는 터이니, 우리 두 사람이 기쁜 얼굴로 사진을 찍읍시다."

윤봉길과 김구의 대화
(1932년, 《백범일지》중 일부)

"내(김구)가 요사이 연구하는 바가 있으나 마땅한 사람을 구하지 못해 번민하던 참이었소. 전쟁 중에 연구, 실행코자 한 일이 있었으나 준비 부족으로 실패하였소. 그런데 지금 신문을 보니 왜놈이 전쟁(상하이사변)에 이긴 위세를 업고 4월 29일에 홍구공원에서 이른바 천황의 천장절 경축식을 성대하게 거행하며 군사적 위세를 과시할 모양이오. 그러니 군(윤봉길)은 일생의 대목적을 이날에 달성해봄이 어떠하오?"

이에 윤군은 쾌히 응낙하며 말하기를

"저는 이제부터 가슴에 한 점 번민이 없어지고 마음이 편안해집니다. 준비해주십시오."

때마침 7시를 치는 종소리가 들렸다. 윤군(윤봉길)은 자기 시계를 꺼내 내(김구) 시계와 교환하자고 하였다.

"제 시계는 어제 선서식 후 선생님 말씀에 따라 6원을 주고 구입한 것인데, 선생님 시계는 불과 2원짜리입니다. 저는 이제 1시간밖에 더 소용이 없습니다."

나는 기념품으로 그의 시계를 받고, 내 시계를 그에게 주었다. 윤군은 마지막 길을 떠나기 전, 자동차를 타면서 가지고 있던 돈을 꺼내 내 손에 쥐어주었다.

"약간의 돈을 가지는 것이 무슨 방해가 되겠소?"

"아닙니다. 자동차 요금을 주고도 5~6원은 남겠습니다."

그러는 사이 자동차는 서서히 움직이기 시작하였다. 나는 목메인 소리로 마지막 작별의 말을 건네었다.

"후일 지하에서 만납시다."

박은식의 《한국통사》
(1915년, 일부)

옛 사람들이 말하기를 나라는 멸할 수 있으나 역사는 가히 멸할 수 없다고 하였으니, 대개 나라는 형形이고 역사는 신神이기 때문이다. 지금 한국의 형은 허물어졌으나 신만이 독존할 수는 없는 것인가. 이것이 통사痛史를 저술하는 까닭이다. 신이 보존되어 멸하지 않으면, 형이 부활할 때가 있을 것이다.

신채호의 《조선상고사》
(1931년, 〈조선일보〉 일부)

역사란 무엇이뇨. 인류 사회의 아我와 비아非我의 투쟁이 시간부터 발전하여 공간부터 확대하는 심적 활동의 상태의 기록이니, 세계사라 하면 세계 인류의 그리되어온 상태의 기록이며, 조선사라면 조선 민족이 그리되어온 상태의 기록이니라. 무릇 무엇을 아我라 하며, 무엇을 비아非我라 하느뇨. 깊이 팔 것도 없이 얕게 말하자면, 무릇 주관적 위치에 선 자를 아我라 하고, 그 외에는 비아非我라 하노라.

　… 역사는 역사를 위하여 지으란 것이요, 역사 이외에 무슨 딴 목적을 위하여 지으라는 것이 아니다. 좀 더 자세히 얘기하자면 객관적으로 사회의 유동 상태와 거기에 발생한 사실을 그대로 적은 것이 역사요, 저작자의 목적에 따라 그 사실을 좌우하거나 더하거나 혹은 고치라는 것이 아니다.

정인보의 《조선사 연구》
(1935년, 〈동아일보〉 일부)

사람의 고도리는 얼이다. 얼은 인간존재의 핵이며 자성自性이자 불사불멸의 존재일 뿐 아니라 끊임없이 활동하는 것으로 역사의 원동력이 된다. 따라서 역사 연구의 궁극의 목적은 이 얼을 추색追索하는 데 있다.

한글 맞춤법 통일안

(1933년, 일부)

한글 마춤법 통일안朝鮮語 綴字法 統一案

머리말

본회는 한글 마춤법 통일안을 제정하야, 이에 일반 사회에 발표한다.

이 통일안이 이루어짐에 대하야 그 경과의 개략을 말하면, 1930년 12월 13일 본회 총회의 결의로 한글 마춤법의 통일안을 제정하기로 되어, 처음에 위원 12인(권 덕규, 김 윤경, 박 현식, 신 명균, 이 극로, 이 병기, 이 윤재, 이 희승, 장 지영, 정 열모, 정 인섭, 최 현배)으로써 2개년간 심의를 거듭하야 1932년 12월에 이르러 마춤법 원안의 작성을 마치었다.

그리고, 또 위원 6인(김 선기, 이 갑, 이 만규, 이 상춘, 이 세정, 이 탁)을 증선하야 모두 18인의 위원으로써 개성에서 회의(1932년 12월 25일 ~ 1933년 1월 4일)를 열어 그 원안을 축조 토의하야 제1독회를 마치고, 이를 다시 수정하기 위하야 수정위원 10인(권 덕규, 김 선기, 김 윤경, 신 명균, 이 극로, 이 윤재, 이 희승, 장 지영, 정 인섭, 최 현배)에게 맡기었다.

그 후 6개월을 지나 대체의 수정이 끝났으므로, 또 위원 전체로써 다시 화계사에서 회의(1933년 7월 25일 ~ 8월 3일)를 열어 그 수정안을 다시 검토하야 제2독회를 마치고, 또 이를 전체적으로 정리하기 위하야 정리위원 9인(권 덕규, 김 선기, 김 윤경, 신 명균, 이 극로, 이 윤재, 이 희승, 정 인섭, 최 현배)에게 맡기어 최종의 정리가 다 마치었으며, 본년 10월 19일 본회 임시총회를 거치어 이를 시행하기로 결의되니, 이로써 이 한글 마춤법 통일안이 비로소 완성을 고하게 되었다.

이와 같이 이 통일안이 완성하기까지에 3개년의 시일을 걸치어, 125회의 회의가 있었으며, 그 소요의 시간 수로는 실로 433시간이란 적지 아니한 시간에 마치었으니, 과연 문자 정리란 그리 용이한 일이 아님을 알겠다. 우리는 이렇듯 가장 엄정한 태도와 가장 신중한 처리로써 끝까지 최선의 노력을 다하야 이제 이 통일안을 만들어서 우리 민중의 앞에 내어놓기를 주저하지 아니하는 바이다. 그러나 이것이 다만 오늘날까지 혼란하게 써오던 우리글을 한번 정리하는 첫 시험으로 아니니, 여기에는 또한 불비한 점이 아주 없으리라고 스스로 단정하기 어려울 것이다. 더구나 시대의 진보로 여러가지 학술이 날로 달라감을 따라 이 한글에 있어서도 그 영향이 없지 아니할 것이다. 그러므로 본회는 앞으로 더욱 이에 유의를 더하고저 하는 것이니, 일반 사회에서도 때로 많은 가르침이 있기를 바란다.

끝으로 이 통일안이 완성함에 이르기까지 정신적 내지 물질적으로 많은 성원과 두터운 양조를 주신 경향 유지인사에게, 특히 공 탁, 송 진우, 김 성수 기타 제씨와 각 보도기관 및 한성도서주식회사에 대하야 깊이 감사의 뜻을 표한다.

한글 반포 제487회 기념일

조선어학회

총 론

1. 한글 마춤법은 표준말을 그 소리대로 적되, 어법에 맞도록 함으로써 원칙을 삼는다.
2. 표준말은 대체로 현재 중류사회에서 쓰는 서울말로 한다.
3. 문장의 각 단어는 띄어 쓰되, 토는 그 웃말에 붙여 쓴다.

각 론

제1장 자모

제1절 자모의 수와 그 순서

제1항 한글의 자모의 수는 24자로 하고, 그 순서는 다음과 같이 정한다.

ㄱ ㄴ ㄷ ㄹ ㅁ ㅂ ㅅ ㅇ ㅈ ㅊ ㅋ ㅌ ㅍ ㅎ ㅏ ㅑ ㅓ ㅕ ㅗ ㅛ ㅜ ㅠ ㅡ ㅣ

[부기] 전기의 자모로써 적을 수가 없는 소리는 두 개 이상의 자모를 어울러서 적기로 한다.

ㄲ ㄸ ㅃ ㅆ ㅉ ㅐ ㅒ ㅚ ㅟ ㅖ ㅞ ㅘ ㅝ ㅙ ㅞ ㅢ

제2절 자모의 이름

제2항 자모의 이름은 다음과 같이 정한다.

ㄱ 기역 ㄴ 니은 ㄷ 디귿 ㄹ 리을 ㅁ 미음 ㅂ 비읍 ㅅ 시옷

ㅇ 이응 ㅈ 지읒 ㅊ 치읓 ㅋ 키읔 ㅌ 티읕 ㅍ 피읖 ㅎ 히읗

ㅏ 아 ㅑ 야 ㅓ 어 ㅕ 여 ㅗ 오 ㅛ 요 ㅜ 우 ㅠ 유 ㅡ 으 ㅣ 이

[부기] 다음의 글자들은 아래와 같이 이름을 정한다.

ㄲ 쌍기역 ㄸ 쌍디귿 ㅃ 쌍비읍 ㅆ 쌍시옷 ㅉ 쌍지읒

조선농지령

(1934년, 일부)

쇼와 9년(1934년) 4월 11일 조선 총독朝鮮總督 우가키 가즈시게宇垣一成

제1조 본령은 경작을 목적으로 하는 토지의 임대차에 적용한다.

본령에서 소작지라고 부르는 것은 전항前項의 임대차를 목적으로 하는 토지를 말한다.

제2조 토지의 경작을 목적으로 하는 청부나 기타 계약은 임대차로 간주한다.

단, 본령의 적용을 면하기 위한 목적으로 제출된 것은 이에 적용되지 않는다.

제3조 임대인이 마름이나 기타 소작지의 관리자를 둘 때에는 조선 총독이 정한 바에 따르며, 이를 부윤·군수 또는 도사島司에 신고해야 한다.

제4조 부윤·군수 또는 도사가 마름이나 기타 소작지의 관리자를 부적당하다고 인정할 때에는 부군도府郡島 소작위원회의 의견을 듣고 임대인에 대해 그 변경을 명령할 수 있다.

제7조 소작지의 임대차 기간은 3년 이상으로 해야 한다.

단, 다년생 작물의 재배를 목적으로 하는 임대차는 7년 이상으로 해야 한다.

제11조 임대차 당사자의 상속인은 상속을 시작할 때부터 피상속인의 소작지 임대차에 기초하여 일체의 권리와 의무를 승계한다.

제12조 소작지의 임대차는 그 등기 없이 소작지를 인도할 때에는 이후 그 소작지에서 물권物權을 취득한 자에게 그 효력이 발생하지 않는다.

제13조 임차인은 임대인의 승낙이 있을 때에도 소작지를 전대轉貸할 수 없다. 다만 상이傷痍, 질병이나 기타 부득이한 사유에 의해 임차인 또는 동거하는 친족으로 주로 경작에 종사하는 자가 일시적으로 전대하려 할 때에는 이에 제한받지 않는다. 전항의 단서 상황에서 임대인은 정당한 사유가 없으면 전대를 거

부할 수 없다.

제1항 단서의 규정에 따른 전대차 종료에 관해 필요한 사항은 조선 총독이 이를 지정한다.

제1항 단서의 규정에 따른 소작지의 전차인轉借人은 다시 이를 전대하거나 또는 그 권리를 양도할 수
없다.

제14조 전조의 규정은 산업조합이나 기타 영리를 목적으로 하지 않는 법인 또는 단체가 임차한 소작지를 다시
그 단체원이 쓰도록 하거나 또는 수익 행위를 하도록 하는 상황에서는 이를 적용하지 않는다. 부읍면府
邑面이 임차하는 소작지를 다시 그 주민에게 쓰도록 하거나 또는 수익 행위를 하는 상황도 동일하다.

전조 및 제20조의 규정은 전항의 단체원 또는 주민이 제3자에게 소작지를 쓰게 하거나 또는 수익 행위
를 하도록 하는 상황에 이를 적용한다.

제15조 임차인이 소작료의 일부를 지불하려고 하는 경우 임대인은 정당한 사유가 없으면 그 수령을 거부할
수 없다.

임대인이 소작료의 일부를 수령한다고 해서 이것이 소작료 감액 등 기타 신청을 승낙한 것이라고 추
정할 수 없다.

제16조 불가항력으로 수확량이 현저히 감소했을 때에 임차인은 임대인에게 소작료의 경감 또는 면제를 요청
할 수 있다.

전항의 요청은 늦어도 수확에 착수하는 날부터 15일 이전에 시행해야 한다. 단, 당사자들이 별도로 정
했을 때에는 그 시기까지 시행해야 한다.

전항의 상황에서 부득이한 사유가 있을 때에는 적당한 시기에 이를 시행해야 한다.

제18조 제10조에서 규정하는 임대차를 제외하고, 당사자는 소작지의 임대차 기간이 만료되기 전 3개월 내지
1년 안에 상대방에게 갱신의 거절을 통지하거나 또는 조건을 변경하지 않으면 임대차를 갱신할 수 없
다는 취지를 통지하지 않으면 이전 임대차와 동일한 조건으로 다시 임대차를 시행한다고 간주한다.

제19조 임대인은 임차인이 배신행위를 하지 않는 한 임대차의 갱신을 거절할 수 없다.

단, 임대인에 정당한 사유가 있는 경우는 제외한다.

제21조 제16조의 소작료 경감 또는 면제에 관한 사항에서 당사자가 부군도 소작위원회의 판정을 요구한 때에
는 그 판정이 있기까지, 조선소작조정령에 따라 조정을 신청한 때에는 조정이 종료되기까지, 임대인은

해당 소작료의 이행 지체를 이유로 임대차를 해제할 수 없다.

제22조 소작지를 반환할 경우 소작지 계약에 따라 경작한 작물이 있는 때에는 임차인이 임대인에게 상당한 가격으로 이를 구매할 것을 청구할 수 있다.
단, 임차인 또는 전차인이 신의를 어기고 구매하게 할 목적으로 경작한 작물에 대해서는 이를 적용하지 않는다.

제24조 당사자는 합의 아래 관계지가 있는 부군도 소작위원회에 소작료나 기타 소작권에 관계된 판정을 요청할 수 있다.

제25조 전조의 규정에 따라 판정을 요구한 사건에서 소송이 계속되거나 또는 조선소작조정령에 따른 조정 신청이 수리되었을 때에는 판정이 있을 때까지 해당 재판소는 소송수속 또는 조정 수속을 중지시킬 수 있다.

제26조 재판소는 당사자 또는 소작관의 신청에 따라 부군도 소작위원회의 판정이 현저하게 부당하다고 인정할 때에는 이를 취소할 수 있다. 이 신청은 부군도 소작위원회의 판정이 통지된 날부터 2주 이내에 행하지 않으면 효력이 없다.
부군도 소작위원회의 판정을 취소하는 재판에 대해서는 불복을 신청할 수 없다.

제30조 부군도 소작위원회에 출석한 자가 이유 없이 회의의 전말, 소작위원의 의견 또는 그 수, 또는 소작관의 의견을 누설했을 때에는 1,000원 이하의 벌금에 처한다.

간도협조회

(1934년, 일부)

1) 간도협조회 개요

협조회는 조선인이 주체이다. 본회는 당국의 양해하에 1934년 9월 6일 설립되었다. 이후 본회는 헌병대장 가토加藤 중좌와 독립수비대장 다카모리鷹森 중좌 및 일만日滿 당국의 지도와 대중의 지지 아래 본회의 목적을 완성하기 위해 노력한다.

간도협조회 제1회 전체회원대회 보고서

선언

현재 동아시아의 각종 정책이 갈수록 첨예해짐에 따라 이는 아시아 민족의 큰 위협이 되고 있음을 통감하고 있다. 지금 동아시아 민족은 공동 이익과 행복을 보호하는 것에 일치하여 협력하여야 한다. 그렇기 때문에 우리는 동아시아 민족의 선구인 일본을 맹주로 하여, 동아시아 민족의 대동단결과 영구한 번영의 기초를 공고히 하며, 찬란한 동아시아 건설에 매진해야 한다. 우리는 기회균등, 각 민족의 협화(協和)를 구호로 협애한 민족 관념을 버리고 외래의 실제적이지 못한 공산주의를 격파하고, 동아시아 민족의 건전한 발전을 위한 임무를 완성해야 한다.

1. 강령

협애한 민족주의를 버리고 아시아 민족의 대동단결을 목적으로 한다.

강철과 같은 견고한 조직으로 외래의 공산주의를 격파한다.

일만합작日滿合作으로 복리를 증진한다.

2. 행동 강령

일만일체의 사상을 선전하고 배양한다.

공산당 및 반일反日·반만군反滿軍 중에서 해체 작용을 한다.

공산당 및 반일·반만군의 진영에 정의분자를 이식한다.

일반 민중에 정의분자를 이식한다.

공산당 및 반일·반만군의 지하활동을 적발한다.

조선인 불량분자에 대해서는 조선인의 역량으로 철저히 토벌하여 일만합작을 완수한다.

민족혁명당
(1935년)

1. 당의

본당은 혁명적 수단으로서 구적仇敵 일본의 침략 세력을 박멸하여 오천 년 이래 독립 자주해온 국토와 주권을 회복하고 정치·경제·교육의 평등을 기초로 한 진정한 민주공화국을 건설하여 국민 전체의 생활 평등을 확보하고 나아가서 세계 인류의 평등과 행복을 촉진한다.

2. 당강

① 구적 일본의 침략 세력을 박멸하여 우리 민족의 자주 독립을 완성한다.
② 봉건세력 및 일체 반혁명 세력을 숙청하여 민주 집권의 정권을 수립한다.
③ 소수인이 다수인을 박삭剝削하는 경제제도를 소멸하여 국민 생활상의 평등의 제도를 확립한다.
④ 1군郡을 단위로 하는 지방자치제를 실시한다.
⑤ 민중 무장을 실시한다.
⑥ 국민은 일체의 선거권 및 피선거권을 가진다.
⑦ 국민은 언론 집회 출판 결사 신앙의 자유가 있다.
⑧ 여자는 남자의 권리와 일체 동등으로 한다.
⑨ 토지는 국유로 하여 농민에게 분급한다.
⑩ 대규모의 생산기관 및 독점적 기업을 국영으로 한다.
⑪ 국민 일체의 경제적 활동은 국가의 계획하에 통제한다.
⑫ 노동운동의 자유를 보장한다.
⑬ 누진율의 세칙을 실시한다.
⑭ 의무교육과 직업교육은 국가의 경비로써 실시한다.
⑮ 양노 육영 구제 등 공공기관을 설립한다.
⑯ 국적國賊의 일체의 재산과 국내에 있는 적 일본의 공·사유재산은 몰수한다.
⑰ 자유 평등 호조의 원칙에 기초한 전 세계 피압박민족 해방운동과 연결 협조한다.

3. 정책

① 국내의 혁명 대중을 중심으로 하여 내외의 전 민족적 혁명 전선을 결성한다.
② 국내의 무장 부대를 조직하여 총동원을 준비한다.
③ 적의 세력에 아부하는 반동 세력을 박멸한다.
④ 국외의 무장 부대를 확대 강화한다.
⑤ 해외 우리 민족의 총단결을 촉성한다.
⑥ 우리 혁명운동에 동정 원조하는 민족 및 국가에 대해서는 이들과의 연결을 도모한다.

남자현 의사를 다룬 〈동아일보〉 기사

(1933년 6월 11일)

자기 남편의 원수를 갚기 위하여 몸에 폭탄을 품고 무등신의(무토 노부요시) 전권대사(주만 일본대사)를 암살하고자 하다가 바로 계획 실행의 전날인 지난 2월 29일에 합이빈(하얼빈)영사관 경찰에 붓들린 금년 육십한 살 난 노파 남자현에 관한 암살 미수 사건은 그동안 기사 게재 금지 중이든 바 지난 7일에 해금되었다.

남자현이라는 노파는 지금으로부터 20여 년 전 ○○운동자인 자기 남편이 일본인의 손에 죽은 것에 한을 품고 원수를 갚는다고 하여 여자의 몸으로 전후 20년 동안을 두고 조선과 만주를 걸쳐 드나들며 ○○운동에 종사하던 중 소화 2년 4월에는 경성에서 재등(사이토) 총독을 암살코자 하다가 뜻을 이루지 못하고 그 후에 만주로 건너가 합이빈을 근거로 하고 활동 중에 금년 봄에는 무등 전권의 암살을 계획하고 폭탄과 권총을 손에 넣게 된 후 죽은 남편의 의복을 몸에 감고 단신으로 신경에 잠입하여 3월 초하룻날을 기하여 무등 전권을 암살하고자 지난 29일 합이빈을 출발코져 할 즘에 합이빈 영사 경찰의 손에 붓들리게 된 것이라고 한다.

한국독립운동사편찬위원회,《한국독립운동의 역사》(전60권), 2007.
친일인명사전편찬위원회,《친일인명사전》(전3권), 민족문제연구소, 2009.

이이화,《이이화의 한국사이야기》(19~22권), 한길사, 2003.
조정래,《아리랑》(1~10권), 해냄, 2014.
강준만,《한국 근대사 산책》(6~10권), 인물과사상사, 2008.
주진오, 박찬승 외,《고등학교 한국사》, 천재교육, 2014.
도면회, 이건홍 외,《고등학교 한국사》, 비상교육, 2014.
한철호, 김시승 외,《고등학교 한국사》, 미래앤, 2014.
주진오, 신영범 외,《고등학교 한국근현대사》, 중앙교육진흥연구소, 2011.
전국역사교사모임,《살아있는 한국사 교과서 2》, 휴머니스트, 2012.
김육훈,《살아있는 한국 근현대사 교과서》, 휴머니스트, 2007.
전국역사교사모임,《살아있는 세계사 교과서 2》, 휴머니스트, 2005.
류시현 외,《미래를 여는 한국의 역사 5》, 웅진지식하우스, 2011.
박은봉,《사진과 그림으로 보는 한국사 편지 5》, 웅진주니어, 2003.
박찬승,《한국 근현대사를 읽는다》, 경인문화사, 2014.
교과서포럼,《대안교과서 한국근·현대사》, 기파랑, 2008.
역사교육연대회의,《뉴라이트 위험한 교과서 바로 읽기》, 서해문집, 2009.
이규헌,《사진으로 보는 독립운동》(상, 하), 서문당, 2000.
신기수 엮음,《한일병합사 1875-1945》, 눈빛, 2009.
염복규 외,《아! 그렇구나 우리 역사 13》, 여유당, 2011.
한국근대현대사학회,《한국독립운동사강의》, 한울아카데미, 2007.
박찬승,《한국독립운동사》, 역사비평사, 2014.
최익현 외,《원문 사료로 읽는 한국 근대사》, (이주명 편역), 필맥, 2014.
박은식,《한국통사》, (김태웅 역해), 아카넷, 2012.
박은식,《한국독립운동지혈사》, (김도형 역), 소명출판, 2009.
강만길,《한국사회주의운동 인명사전》, 창비, 1996.
임경석,《한국 사회주의의 기원》, 역사비평사, 2003.
장영숙,《고종 44년의 비원》, 너머북스, 2010.
오영섭,《고종황제와 한말의병》, 선인, 2007.
임종국,《실록 친일파》, 돌베개, 1991.
정운현,《친일파는 살아있다》, 책보세, 2011.
한홍구,《대한민국사 2》, 한겨레신문사, 2003.
고석규 외,《역사 속의 역사읽기 3》, 풀빛, 1997.
이호룡,《한국의 아나키즘》, 지식산업사, 2015.

김삼웅, 《서대문형무소 근현대사》, 나남, 2000.

정혜경, 《징용 공출 강제연행 강제동원》, 선인, 2013.

김동진, 《1923 경성을 뒤흔든 사람들》, 서해문집, 2016.

님 웨일즈 외, 《아리랑》, (송영인 역), 동녘, 2005.

조한성, 《한국의 레지스탕스》, 생각정원, 2013.

이재갑, 《한국사 100년의 기억을 찾아 일본을 걷다》, 살림출판사, 2011.

김육훈, 《민주공화국 대한민국의 탄생》, 휴머니스트, 2012.

한일공통역사교재 제작팀, 《한국과 일본 그 사이의 역사》, 휴머니스트, 2012.

유용태 외, 《함께 읽는 동아시아 근현대사 1》, 창비, 2010.

염인호, 《조선의용군의 독립운동》, 나남, 2001.

김성호, 《1930년대 연변 민생단사건 연구》, 백산자료원, 1999.

박청산, 《연변항일유적》, 연변인민출판사, 2013.

전광하 박용일 편저, 《세월속의 용정》, 연변인민출판사, 2002.

황민호, 《일제하 만주지역 한인사회의 동향과 민족운동》, 신서원, 2005.

김효순, 《간도특설대》, 서해문집, 2014.

한일관계사연구논집 편찬위원회, 《일제 식민지배의 구조와 성격》, 경인문화사, 2005.

한일관계사연구논집 편찬위원회, 《일제 식민지배와 강제동원》, 경인문화사, 2010.

신용하, 《일제 식민지정책과 식민지근대화론 비판》, 문학과지성사, 2006.

전상숙, 《조선총독정치 연구》, 지식산업사, 2012.

나가타 아키후미, 《일본의 조선통치와 국제관계》, (박환무 역), 일조각, 2008.

수요역사연구회, 《식민지 동화정책과 협력 그리고 인식》, 두리미디어, 2007.

임종국, 《친일문학론》, 민족문제연구소, 2013.

엄만수, 《항일문학의 재조명》, 홍익재, 2001.

연변대학교 조선문학연구소, 《항일가요 및 기타》, 보고사, 2007.

김희영, 《이야기 일본사》, 청아출판사, 2003.

앤드루 고든, 《현대일본의 역사2》, (문현숙 외 역), 이산, 2015.

나리타 류이치, 《다이쇼 데모크라시》, (이규수 역), 어문학사, 2012.

가토 요코, 《만주사변에서 중일전쟁으로》, (김영숙 역) 어문학사, 2012.

요시다 유타카, 《아시아 태평양전쟁》, (최혜주 역), 어문학사, 2012.

박경희, 《일본사》, 일빛, 1998.

야마다 아키라, 《일본, 군비확장의 역사》, (윤현명 역), 어문학사, 2014.

위텐런, 《대본영의 참모들》, (박윤식 역), 나남, 2014.

이규수, 《일본 제국의회 시정방침 연설집》, 선인, 2012.

W. G. Beasley, 《일본제국주의 1894-1945》, (정영진 역), 한국외국어대학교출판부, 2013.

야마무로 신이치, 《키메라 만주국의 초상》, (윤대석 역), 소명출판, 2009.

김창권, 《일본 관동군 731부대를 고발한다》, 나눔사, 2014.

이시와라 간지, 《세계최종전쟁론》, (선정우 역), 길찾기, 2015.

김희영, 《이야기 중국사 3》, 청아출판사, 1986.

조관희, 《조관희 교수의 중국현대사 강의》, 궁리출판, 2013.

김명호,《중국인 이야기》(1~4권), 한길사, 2012.

헬무트 알트리히터,《소련소사》, (최대희 역), 창비, 1997.

박노자,《러시아 혁명사 강의》, 나무연필, 2017.

케빈 맥더모트 외,《코민테른》, (황동하 역), 서해문집, 2009.

폴 콜리어 외,《제2차 세계대전》, (강민수 역), 플래닛미디어, 2008.

김구,《원본 백범일지》, 서문당, 2001.

김상구,《김구 청문회》(전1~2권), 매직하우스, 2014.

한시준,《김구》, 역사공간, 2015.

정병준,《우남 이승만 연구》, 역사비평사, 2005.

김상구,《다시 분노하라》, 책과나무, 2014.

김삼웅,《몽양 여운형 평전》, 채륜, 2015.

김삼웅,《약산 김원봉 평전》, 시대의창, 2008.

안재성,《박헌영 평전》, 실천문학사, 2009.

이호룡,《신채호 다시 읽기》, 돌베개, 2013.

김명섭,《이회영》, 역사공간, 2008.

이준식,《김규식》, 역사공간, 2014.

김도훈,《박용만》, 역사공간, 2010.

권기훈,《김창숙》, 역사공간, 2010.

김영범,《윤세주》, 역사공간, 2013.

김인식,《중도의 길을 걸은 신민족주의자》, 역사공간, 2006.

김병기,《김동삼》, 역사공간, 2012.

신주백,《이시영》, 역사공간, 2014.

김경일,《이재유 나의 시대 나의 혁명》, 푸른역사, 2007.

조문기,《조선혁명군 총사령관 양세봉》, (안병호 역), 나무와숲, 2007.

유순호,《김일성 평전》(상), 지원인쇄출판, 2017.

로버트 스칼라피노, 이정식,《한국 공산주의운동사》, (한홍구 역), 돌베개, 2015.

최백순,《조선공산당 평전》, 서해문집, 2017.

신용하,《신간회의 민족운동》, 지식산업사, 2017.

박찬승 외,《조선총독부30년사》(중, 하), 민속원, 2018.

최웅, 김봉중,《미국의 역사》, 소나무, 1997.

김호준,《유라시아 고려인, 디아스포라의 아픈 역사 150년》, 주류성, 2013.

조한성,《해방 후 3년》, 생각정원, 2015.

이영훈,《반일 종족주의》미래사, 2019.

김종성,《반일 종족주의, 무엇이 문제인가》, 위즈덤하우스, 2020.

호사카 유지,《신친일파》, 봄이아트북스, 2020.

일본역사학연구회,《태평양전쟁사 1》, (아르고인문사회연구소 외 편역), 채륜, 2017.

제프리 주크스 외,《제2차세계대전》, (강민수 역), 플래닛미디어, 2008.

이덕일,《잊혀진 근대, 다시 읽는 해방전사》, 역사의아침, 2013.

와다 하루끼,《와다 하루끼의 북한 현대사》, (남기정 역), 창비, 2014.

박시백의 일제강점사

35년 5

박시백 글·그림

초판   1쇄 발행일 2019년 5월 27일
개정판 1쇄 발행일 2024년 10월 7일

발행인 | 한상준
편집 | 김민정·손지원·최정휴·김영범
디자인 | 김경희·양시호
마케팅 | 이상민·주영상
관리 | 양은진

발행처 | 비아북(ViaBook Publisher)
출판등록 | 제313-2007-218호(2007년 11월 2일)
주소 | 서울시 마포구 월드컵북로 6길 97(연남동 567-40) 2층
전화 | 02-334-6123 전자우편 | crm@viabook.kr 홈페이지 | viabook.kr

《35년》편집위원
차경호(대구시지고등학교 역사 교사)
김정현(김해고등학교 역사 교사)
김종민(천안쌍용고등학교 역사 교사)
남동현(대전가오고등학교 역사 교사)
문인식(충남기계공업고등학교 역사 교사)
박건형(대전도시과학고등학교 역사 교사)
박래훈(고흥포두중학교 교장)
오진욱(청주용암중학교 역사 교사)
정윤택(서라벌고등학교 역사 교사)

ⓒ 박시백, 2024
ISBN 979-11-92904-96-2 04910